「おふたりさま老後」を幸せに過ごすための50のコツ

明明沒病，一看到老公就不舒服

午飯吃啥？妳去哪？幾點回來？怎麼老花錢！
妳的「丈夫在家壓力症候群」該化解了，
熟齡離婚是最糟歸宿。

日本精神科醫師、暢銷書作家
和田秀樹——監修
黃雅慧——譯

U0544767

大是文化

目錄

第3章 你放過我，我也放過你……155

Q&A

推薦序

不是典型恩愛夫妻，原來也可以大聲說出來

——退休生活、理財作家／嫺人

有些人看我的婚姻，覺得我過得不怎麼樣。例如有人看了我寫的夫妻相處文章說：「妳先生很不ＯＫ喔，妳怎麼有辦法跟他相處這麼久？」

我先生不是那種能讓我在社群上說嘴的夢幻對象；他務實、不體貼，對瑣事沒興趣深究。而我是好奇型的高敏感人，常常只是想知道：「為什麼會這樣？」卻被他翻譯成在抱怨。情緒價值不高，經濟價值也是等到我

退休、他創業穩定後才開始好轉。

我退休後，他更專注工作，也要就近照看年邁的婆婆，完全沒興趣去旅行，於是我開始一個人旅行。親友幾乎是夫妻儷影雙雙，有人問：「妳先生不陪妳？他不介意？」我猜他們在想，是不是我的婚姻出了問題？

但親友可能很難理解，其實我從年輕時就覺得一個人旅行很酷。現在退休後能盡情去想去的地方，覺得非常享受，心中從沒閃過「老公怎麼沒陪我」這種念頭。

剛退休那陣子，我曾想當個在家迎接先生的賢妻，每天在門口裝可愛說：「歡迎光臨。」但很快發現，先生其實想安靜放空。過去我長期加班、出差，現在整天在家，反而是「侵入」他下班後在客廳放空的時間。

半年後，內外的不適應累積爆發，我大哭兩週，還離家出走去東京。那時我一方面不習慣向先生伸手，有金錢焦慮；另一方面也不知道自己該幹嘛，站也不是、坐也不是。後來我架了部落格，開始寫文章，晚餐後我坐在電腦前，他在客廳看電視，各自安靜的度過晚間時光，總算各安其位。

後來也有人跟我說：「看了妳的分享，讓我鬆了一口氣，原來夫妻這樣也可以。」沒想到我們這種「不恩愛夫妻」，也能療癒別人。

看了和田秀樹醫師在書中主張的「若即若離夫妻」，我終於可以理直氣壯：「我們這樣沒問題。」我特別喜歡書中一句話：「丟掉『應該』，人生馬上順眼。」我先生雖然沒有理想老公「應該有」的特質，但他給了我信任與自由，而他的創業執行力是我沒有的，想對婆婆盡心也是我認同的。

人生剩下的三分之一，彼此放手、舒展做自己，才能不留遺憾。

和田醫師從醫學、生理、心理、財務等角度，給出一篇篇鬆綁人生下半場的實用建議，甚至還提出「去戀愛」這種令人拍案叫絕的點子——雖然我不敢嘗試，但光是知道尺度大到這樣也可以，就已經讓人鬆了一口氣。

前言

不黏不離，最完美的關係

經歷了工作、養小孩，有時還得照顧父母，這些人生大事後，夫妻開始進入真正朝夕相處的高齡生活。然而，即使相伴多年，夫妻終究是獨立的個體，有摩擦並不意外。

日本知名精神科醫師和田秀樹長年專注高齡者身心健康，患者高達六千名以上。根據多年的臨床經驗，他表示，想讓老後的夫妻生活更幸福，最好的方法就是：「老公過老公的生活、老婆過老婆的生活」，彼此保有一點空間，維持「不黏不離」的關係。

那麼，中高齡夫妻又該如何跳脫傳統觀念，打造理想的相處模式？其中又有什麼訣竅與魅力？

老伴 vs. 老絆

在歐美，許多夫妻會以「一個男人與一個女人」的角色彼此相愛、維持關係。但在東方國家則不同，一旦結婚、有了孩子，夫妻間便開始以爸爸、媽媽互稱。這樣的稱呼久而久之會讓人產生錯覺，把對方當成家人來對待，而不再是戀人或伴侶，感情也因此悄悄變了調。

在人際交往中，很多人總是表現得體、有禮貌，懂得察言觀色、拿捏分寸，也常會因為在意他人眼光而受到同儕壓力的影響。但對家人，卻常過於親密、缺乏界線。看起來感情很好，實際上卻可能隱含不少問題與壓力。

這就如同我們常說的「媽寶」現象。缺乏界線的親子關係，容易產生控制慾，將自己的想法或做法強加在對方身上。有些丈夫在外對上司、客戶低聲下氣，一回到家卻搖身一變，成了發號施令的大老爺。久而久之，只要妻子外出或沒有順著他的意思行事，就會不高興，甚至動怒發脾氣。

做妻子的，也常延續從前的照顧模式，看到丈夫口渴就立刻奉上茶水，早上出門前還會幫忙燙好襯衫，幾乎可以說是把伺候丈夫當成人生的使命。但如果丈夫將這一切視為理所當然，連說一句謝謝都吝於說出口，日子一久，難免會有脾氣。

女性在婚後多半會承擔起家庭內務的重擔，即使心中有所不

◀和田秀樹醫師：不黏不離是最完美的夫妻關係。

滿，也常只能自我安慰：「算了吧，畢竟是他在外賺錢。」問題是，許多夫妻即使到了丈夫退休，茶來伸手、飯來張口的相處模式依舊如故，一點也沒有因為生活階段的轉變而有所改變。

退休前，丈夫白天上班，妻子也有屬於自己的喘息空間，而丈夫則透過上班，暫時逃離家中的瑣事與壓力。然而，一旦兩人都退休、整天形影不離，就算感情再好，也難免感到壓迫與窒息。彼此的缺點無所遁形，摩擦和壓力也會與日俱增。

退休後，夫妻的生活將迎來全然不同的樣貌，正是重新審視相處模式的好時機。既然未來的日子要攜手共度，就應該以生命共同體的角度出發，拋開傳統男主外、女主內的觀念，重新建立平等且互相尊重的家庭關係。而最理想的模式，是一種既不過度依賴、不疏遠的若即若離關係，在保有各自空間的同時，維持良好的情感連結，才能讓彼此相處更為舒適自在。

不離婚也不過度干涉

簡單來說，就是跳脫傳統丈夫與妻子的角色框架，大方的將對方視為同住一個屋簷下的「室友」。這有點像曾經流行的「卒婚」——不離婚，但也不過度干涉彼此，各自享受自己的生活節奏。

換句話說，在維持婚姻關係的同時，彼此不過度干涉，保有自己的生活空間。這不是疏離，而是在雙方都保持獨立的前提下，依然能彼此相互扶持的生活方式。實際上，有將近八成的夫妻，其實更適合這種若即若離的相處模式。

不過，說起來容易，實際該怎麼做，卻讓不少人困惑。要實踐若即若離的生活方式，首先得建立一些基本規則，例如三餐各自準備、衣服各自清洗。確定大方向後，其他時間就可以自由安排。而這種相處模式有一個重要前提——劃清界線。不對另一半抱過高期待，也不做過多要求。這樣才能減輕壓力，讓生活更加輕鬆自在。

有些人可能會質疑：「彼此互不干涉，這還算是夫妻？」、「會不會太冷漠了？」

但若為了維持表面上的親密，而壓抑自己、積壓情緒，甚至引發身心問

▲不對另一半抱過高期待，也不做過多要求，相處更自在。

題，那就真的是本末倒置了。隨著年齡增長，懂得適時放手、保留空間，其實是一種成熟的智慧。

當然，這樣的相處方式也有必須注意的雷區，其中之一就是「心口不一」。例如，雙方明明約好互不干涉對方行動，但一聽到對方與異性外出用餐，情緒卻瞬間失控、大發雷霆。既然規則是雙方訂下的，就該彼此信守承諾。如果日後想調整或改變，也應坦誠溝通、重新協商，而不是翻舊帳或以情緒發洩來解決。唯有這樣，關係才能穩定長久，讓彼此都能在關係中感到自在、安心。

人到中年，沒有時間再浪費

透過若即若離的適當距離，我們能以更客觀的角度看待彼此，更清楚的看見對方的優點與缺點。但也正因如此，有時會驚覺：「這個人，或許不是我願意共度三十年餘生的伴侶。」在這種情況下，「熟齡離婚」（見第七十一頁）也可能成為人生的另一種選項。

妳能接受幫對方換尿布，或讓對方幫妳換嗎？這個問題聽起來雖然極端，卻點出了七十歲以後的婚姻中，難以迴避的現實層面。隨著年齡增長，不僅身體開始出現變化，大腦與荷爾蒙也正經歷劇烈轉變。因此，夫妻關係在這個階段，確實需要重新檢視與調整，為彼此留下喘息的空間，也重新確認：我們是否還願意牽手走完後半段人生。

有些人因擔心離婚後可能面臨經濟困境等現實問題，而打消離婚念頭；也有人因對失婚抱持極端負面看法，礙於面子或自尊，遲遲難以下定決心。

然而在日本，每四對離婚夫妻中，就有一對屬於熟齡離婚，這早已不是什麼罕見或令人側目的事[1]。相比過去，離異的門檻確實降低了，也不再背負難以承受的社會汙名。與其勉強維持一段失衡的關係，不如勇敢追求讓自己安心、自由的生活。

當然，這並不是鼓勵大家輕率離婚。如果婚姻中出現家暴、精神虐待、不倫、酗賭等明確且嚴重的問題，還是儘快分開比較好。若只是單純「不討厭對方，卻因長時間相處而感到壓力」，那麼，或許可以考慮採取若即若離的相處方式，在不必分開的前提下，重新調整距離與關係，讓彼此都能更自在的生活。

此外，許多人習慣未雨綢繆，卻少了「不試試看怎麼知道」的勇氣，也因為過去溝通無效、經常被反駁，久而久之便心灰意冷，選擇沉默，甚至放棄溝通。

---

1 根據內政部統計資料，在臺灣幾乎每五對離婚夫妻中，就有一對婚齡達二十年以上。

但隨著退休生活的到來，生活步調與環境大幅改變，對方或許也不像以往那樣抗拒，有可能開始願意傾聽妳的聲音。因此，不妨勇敢、清楚的表達自己的想法，例如：「我打算開始學跳舞」，或「每個星期五晚上，我想一個人出門走走」。把那些妳一直想做卻沒做的事，坦率說出來，不需要壓抑。

同時，也可以試著說出妳一直以來感到不舒服、難以忍受的事，例如：「你總是打斷我說話，讓我很難受」，或者「你每次脫下衣服都亂丟，這讓我很難整理」。把這些長年積壓的不滿說出口，本身就是一種健康的釋放與溝通。

但如果已經表達得這麼明確，對方依然充耳不聞，甚至出現強烈負面反應，那麼可以預見，未來這段關係恐怕也難有改善。此時，離婚也不失為一種值得考慮的選擇。

當然，溝通有可能破裂，甚至走上訴訟的途徑。但整體來說，如果是妻子主動提出離婚，通常比較不會演變成激烈爭執。只要妳有足夠的心理準備、願意堅持到底，即使進入司法程序，財產分配基本上也能爭取到應得的一半。

序章

動起來的我，宅在家的他

隨著年齡增長，許多女性會變得比男性更有活力和積極。相反的，男性雖然在退休前忙碌奔波，一旦步入中高齡，逐漸失去外出的動力，整天在家、顯得無精打采的情況越來越常見。這樣的落差，也容易成為夫妻間摩擦與不滿的導火線。為什麼會出現這種男女差異？

這是因為男性和女性在中年以後，都會經歷大腦和荷爾蒙的重大轉變期。如果忽略這個轉變期，試圖照舊相處，只會讓雙方持續累積壓力，尤其是女性會承受不必要的辛苦。

你和你的另一半是否已經能夠適應這個大轉變期了呢？左側的檢測表可以幫助你更清楚了解目前的狀態。

你和你的另一半還好嗎？

「情緒老化」自我檢測

如果你對以下項目感到有共鳴，可能代表你尚未適應大腦與荷爾蒙的重大轉變期。請參考第三十八頁至第五十頁，採取可行的對策，逐步減輕日常壓力。

□變得特別容易生氣，常因為一些瑣碎的小事和另一半起爭執。
□原本熱愛旅行，最近卻完全提不起興趣。
□以前常跑的電影院或劇場，也因懶得出門而失去熱情。
□變得無法接受變化，只去自己熟悉的店家或地方。
□電視遙控器轉來轉去，最後還是只看那幾臺。
□開始覺得認識新朋友很麻煩，也不再想主動擴展交友圈。
□有時會被說頑固、不夠通融。

1 都是性荷爾蒙惹的禍

年紀漸長後，女性的男性荷爾蒙會增加，而男性在退休後則明顯減少。

性荷爾蒙是從性腺（睪丸或卵巢）分泌的各種荷爾蒙的總稱。最為人熟知的包括男性荷爾蒙睪固酮（Testosterone）、女性荷爾蒙雌激素（Estrogen）與黃體素（Progesterone）等。

到了中高齡時期，男女在心理上的劇烈變化，往往與男性荷爾蒙的分泌量變化有關。顧名思義，男性荷爾蒙能促進男性特徵的形成，例如促進肌肉生長、強化骨骼，讓體格更加健壯。不僅如此，它對心理層面也有明顯影響，例如提升對事物的動機與好奇心、增強記憶力與判斷力，並增進社交能力等。

而女性在進入更年期前後（約停經前後五年左右），體內男性荷爾蒙會逐漸增加，這使得許多女性在這個階段勇於嘗試新事物、更常出門，也更積極參與社交活動。

反觀男性，睪固酮的分泌量從二十多歲起就逐年遞減，到了退休年齡時更是明顯下降，因此常會出現意願低落、好奇心減退，缺乏活力的狀態。

在這樣的轉變下，夫妻之間出現摩擦，說穿了並非誰對誰錯，而是自然的生理變化所致。與其因此鬱鬱寡歡，不如看開一點，告訴自己：「這一切都是荷爾蒙在搗蛋啊！」

重要

荷爾蒙量的變化，讓人體產生驚人轉變！

女性體內的女性荷爾蒙變化量

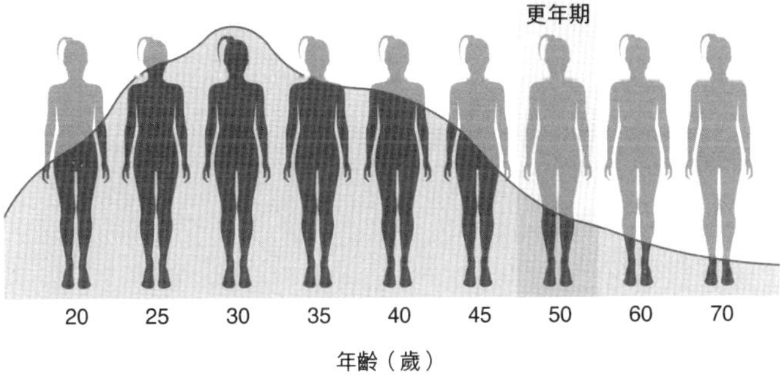

男性體內的男性荷爾蒙變化量

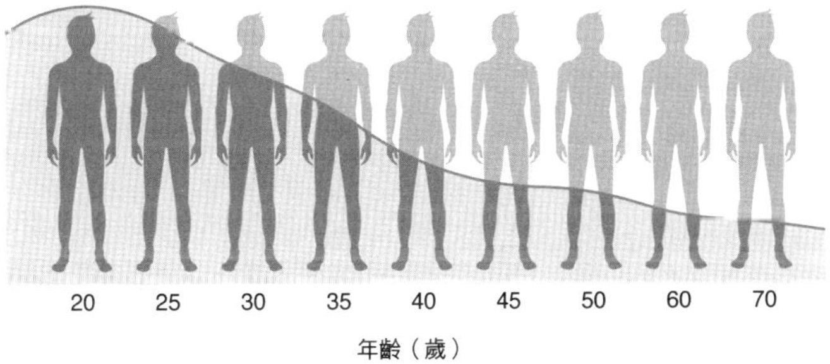

女性

女性荷爾蒙、雌激素、黃體素

主要功效

- 塑造女性特質的身體
- 讓肌膚與秀髮更加美麗
- 維持血管強韌有彈性
- 保持骨骼密度
- 不容易忘東忘西

女性荷爾蒙的分泌，會從三十多歲後期開始逐步下降。

＋

更年期過後，體內男性荷爾蒙的分泌量會逐漸提升。

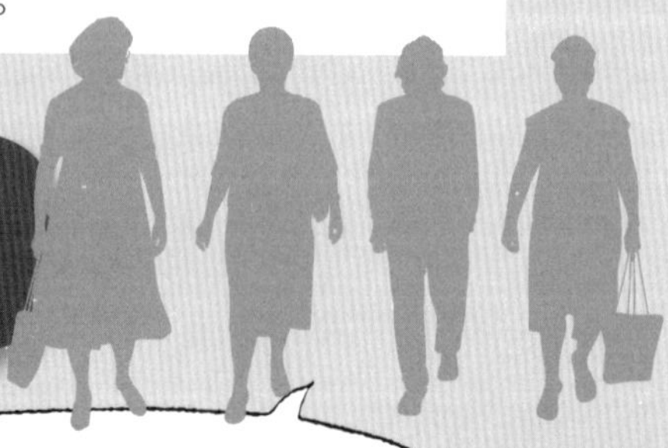

隨著年紀增長，女性反而變得更有活力、積極主動！

主動積極外出，比較容易結交新朋友。

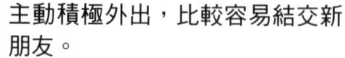

隨著年紀增長，男女大不同

男性

男性荷爾蒙睪固酮

↓ 主要功效

- 打造具有男性特徵的身體
- 提升活力
- 增強意願與好奇心
- 提高記憶力與判斷力
- 增進社交能力

截至39歲左右

男性荷爾蒙的分泌量從二十多歲達到高峰後，會逐漸遞減。

＋

到了退休年齡，分泌量會進一步減少。

40歲以後（中高齡時期）

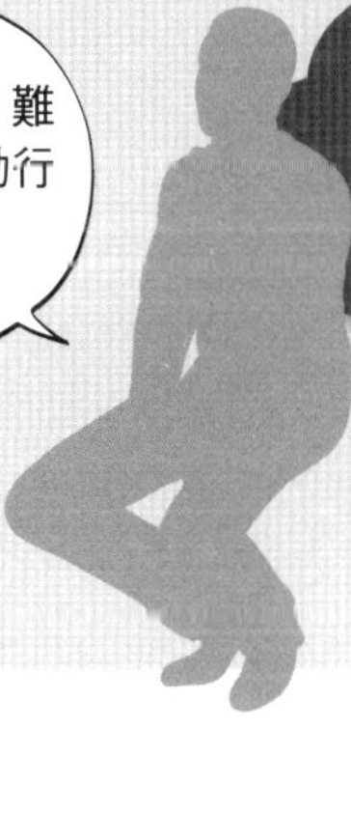

提不起勁，難以產生主動行動的意願。

對事情的意願和好奇心逐漸減退，變得沒有活力。

隨著年紀增長，身體狀況改變也是很自然的事。

2 人，從情緒開始老化

大腦老化男女沒有差別，
但情緒老化則受到荷爾蒙影響。

年紀越大，大家都會開始擔心大腦退化，特別是記憶力變差。不過，其實更該先注意的是「沒什麼幹勁」這件事情，因為老化其實是從情緒開始的。

在我們的**大腦裡，最早開始退化的地方**，不是記憶中樞海馬迴（Hippocampus），而**是額葉**（Frontal Lobe，見第三十五頁圖）。額葉主要負責情緒調節與思考功能，一旦退化，人就會提不起勁，這就是情緒老化。結果就是懶得動腦、懶得動身體，身體和大腦功能也跟著衰退。還會讓人情緒控制變差、容易憂鬱、缺乏動力，甚至不太願意接受新事物。

尤其男性，隨著男性荷爾蒙減少，幹勁更容易下降。如果不趕快採取對策，情緒老化會越來越嚴重。老化是每個人都會碰上的事，但說真的，男性這方面比較吃虧。

大腦構造（左側面外觀圖）

❶ 額葉

掌管幹勁、創造力、情感、理性、運動等。

❷ 前額葉皮質（Prefrontal Cortex）

負責整合管理情緒、感知、判斷、記憶和語言等多項複雜功能。

❸ 頂葉（Parietal lobe）

負責掌握空間與數字的認知，以及觸覺感知。

❹ 枕葉（Occipital lobe）

掌管視覺。

❺ 顳葉（Temporal lobe）

負責聽覺、視覺資訊以及記憶的功能。

❻ 海馬迴（Hippocampus）

負責記憶（特別是短期記憶）。

重要

大腦萎縮，從掌管情緒和思考的額葉開始！

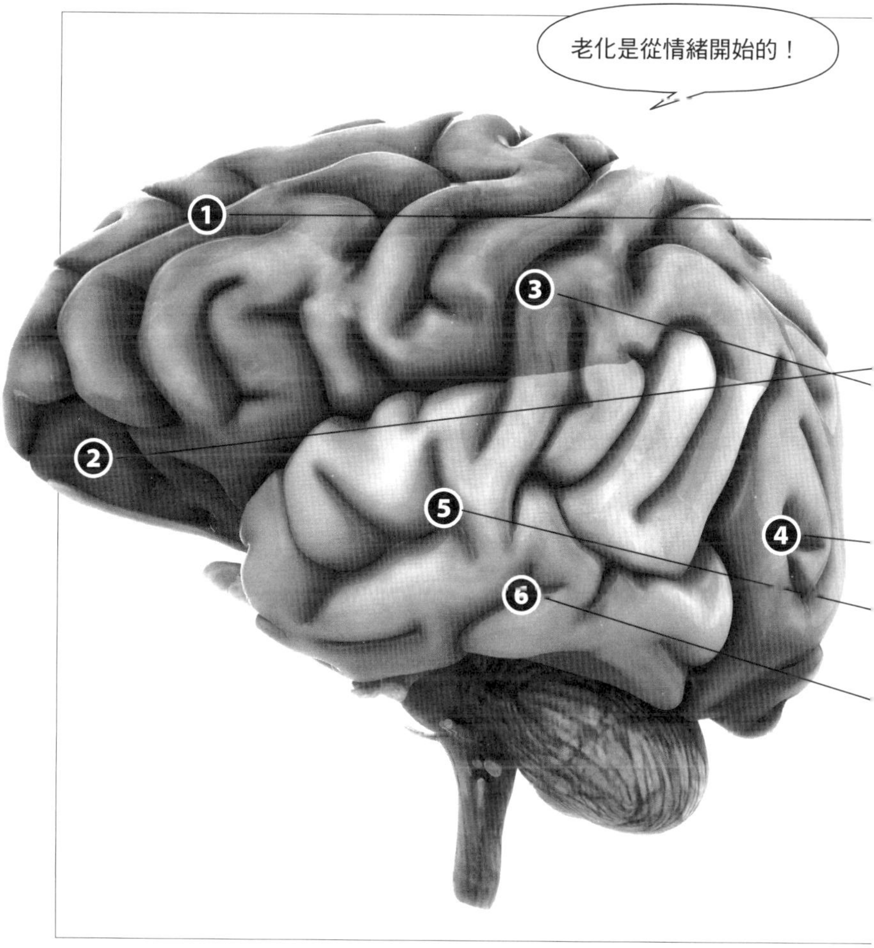

何謂血清素？

一種大腦裡的神經傳導物質，負責調節正腎上腺素（norepinephrine）和多巴胺（dopamine）的量，幫助我們穩定情緒。

正腎上腺素

這種物質會在我們對抗壓力時發揮作用。分泌過多，可能會變得容易激動、甚至恐慌；分泌不足，則會讓人感到無力、缺乏幹勁與動力。

多巴胺

能帶來喜悅、快感，並激發我們的行動力。如果分泌過多，容易導致成癮行為；分泌不足，則可能對一切提不起興趣，連性功能和運動能力也會跟著下滑。

血清素

血清素不足時，正腎上腺素與多巴胺的平衡就會失調，出現情緒失控、精神不振、缺乏動力，連運動能力都會下降。

整天看電視，會加速額葉退化。

電視有時會讓人陷入無腦狀態，因為不需要動腦，反而加速額葉的退化。長時間窩在家裡看電視絕對有害無益。多出門走動，接收外在的刺激和學習，才是維持大腦活力的關鍵。

大腦退化加上性荷爾蒙減少的雙重打擊

大腦的老化應儘早提防
額葉萎縮

↓

神經傳導物質
血清素的減少

↓

結果

情緒老化

情緒老化的徵兆

- 懶得動腦筋，總是想照慣例做就好。
- 提不起幹勁，沒辦法主動行動。
- 做事和閱讀習慣變得千篇一律，缺乏變化。
- 情緒容易暴躁、煩躁，心情起伏很大。
- 頑固不靈，越來越固執己見。

男性的情緒
更容易老化。

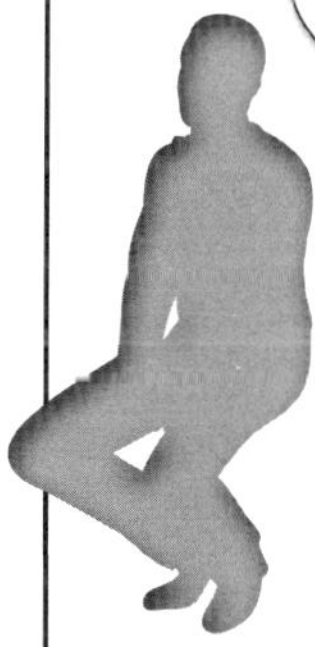

如果再加上男性荷爾蒙的減少，情緒老化會更加劇！

隨著年齡增長，掌管幹勁與創造力的額葉也開始老化。再加上男性荷爾蒙的減少，使得男性的情緒更容易出現老化。不過，只要採取下頁的對策，就能有效延緩。坦然接受「男人（丈夫）本來就是這樣」，以及「這是大腦和荷爾蒙自然變化」，才是真正減少煩躁、維持好心情的關鍵。

3 多吃肉，飲食別太清淡

肉類對人體有多方面的功效！
也有助於提升免疫力。

那麼，步入中高齡後，該如何面對大腦與荷爾蒙的激烈轉換期？首先是積極的多吃肉。

在這個巨大轉變期中，最需要避免的影響是缺乏幹勁。特別是能提升幹勁的男性荷爾蒙，絕對不能不足。由於性荷爾蒙是由膽固醇製造而成，所以要好好吃肉，確保製造原料不會減少。膽固醇同時也是免疫細胞的材

重要

清淡與粗糙的飲食會加速老化！

大腦成分（不含水分）

約 40% 蛋白質	約 60% 脂肪

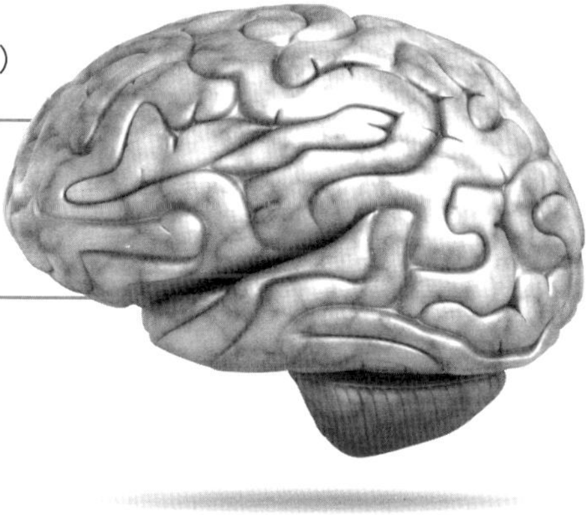

荷爾蒙

以脂肪（膽固醇）為主

腦神經傳導物質

以蛋白質為主

→ 確保蛋白質與脂質充足是基本原則。

料，能增強免疫力，幫助遠離疾病。

而且肉類富含色胺酸（Tryptophan），這是一種必需胺基酸，也是神經傳導物質血清素的重要原料。**多吃肉可以增加血清素的分泌，讓心情更積**極，延緩情緒老化。順帶一提，**血清素也能透過有節奏的單調運動（如節**奏感強的運動）**，以及每天晒十分鐘到十五分鐘的太陽來提升**。

最重要的是，肉類含有大量的蛋白質與脂質，這些不僅是大腦的必要養分，也是肌肉的材料，有助於維持身體機能。所以，要常吃肉。

多吃肉和做有節奏的運動

肉類中富含製造性荷爾蒙與
神經傳導物質的原料。

富含血清素的肉類

- 豬里肌肉
- 牛里肌肉（菲力）
- 雞胸肉

富含男性荷爾蒙的肉類

- 豬肩胛里肌肉（梅花肉）
- 牛里肌肉
- 雞腿肉

能促進免疫細胞活性化，
最值得積極攝取的食材，第一名就是「肉」！

**避免變成「乾枯的老人」，
關鍵就在多吃肉！**

● 血清素也能透過有節奏的運動來增加！

快走
30 分鐘

快走 30 分鐘能促進血清素分泌，刺激身體發揮正常功能。效果相當於服用一顆抗憂鬱劑。

打掃或
擦地板

跟著固定的節奏動一動身體，不僅能帶來成就感，還能促進血清素分泌。

約 20 秒
的跳繩

在不勉強自己的情況下，原地跳約 20 秒的跳躍步伐，不僅能保護身體，還能改善腦部血流。反覆進行這類簡單的動作，有助促進血清素的分泌。

4 多咀嚼能增加大腦血流

多動腦、活化額葉，能防止情緒老化和意志力下降。

隨著年齡增長，大腦的萎縮通常從額葉開始。換句話說，只要刺激額葉就能有效延緩情緒老化。那麼，到底該怎麼做才能刺激額葉？

第一步就是**持續動腦**。年紀越大，不常用的腦功能會逐漸退化，所以保持腦力活躍非常重要。第二步是**做自己喜歡或想做的事**，讓自己開心。對額葉來說，「快樂」是一種強烈的刺激，能讓大腦更有活力。如果一直壓抑自己的願望和興趣，額葉只會越來越萎縮。

市面上常說的腦力訓練固然有助於提升空間認知、計算等特定能力，但近年研究發現，它對整體大腦活化的效果有限。對年輕人來說或許有助於增強專注力與注意力，但從預防大腦萎縮的角度來看，效果並不理想。更何況，如果做的活動讓人覺得無聊，反而不利於大腦活化。相比之下，做自己喜歡且快樂的事，對大腦的刺激更強、更有效。

此外，研究也發現，多咀嚼有助於增加大腦血流量，進而活化腦部功能，對維持認知同樣很有幫助。

重要

持續動腦很重要！

● 高齡期常見的健康問題：

身體各器官功能變差，容易同時得好幾種病。

免疫力變弱，生病機率增加，恢復也比較慢。

平常不常使用的身體機能，比年輕時更容易退化。

沒有目的性，純粹發自內心。

額葉　前額葉皮質　海馬迴　側額葉　的刺激

● 腦力訓練不是練習題，開心最重要

如果沒辦法從中獲得樂趣，腦力訓練就很難持之以恆。不過，它確實有助於提升專注力和注意力。只是，如果讓你感到壓力，那麼不做也沒關係。

能夠活化大腦的，是那些讓人感到快樂、覺得做得到、而且有趣的事

咀嚼既能保健口腔又能訓練腦力！

● 咀嚼對大腦的影響

沒事嚼嚼口香糖，
大腦靈光氣息香。

咀嚼

↓

刺激牙齒與根部下方的齒根膜。

↓

齒根膜血管收縮，傳輸血液。

↓

血液抵達大腦。

↓

刺激大腦活化。

5 別被情緒牽著走

生氣只會讓自己更累，
試著先深呼吸，讓情緒自然的過去。

隨著年齡增長，大腦逐漸萎縮，情緒的掌控也變得沒那麼容易。這是每個人都會面臨的自然老化現象，並不代表身心出了問題。

不過，如果能適時的管控脾氣，反而能夠減輕身心負擔。因為當我們感到焦慮或憤怒時，心跳會加快、血壓升高，甚至引發腸胃不適。如果放任怒氣爆發，不但可能口出惡言、甚至失控動手，還會破壞人際關係，讓生活變得更加難過。

另外，長期陷入焦慮或不安情緒中，也是一種風險。這會削弱我們的判斷力，甚至讓人不自覺的想隱瞞事實、逃避問題。想要過得自在快樂，有個關鍵是：別被情緒牽著走。這並不是要壓抑情感，而是保有豐富的感受，同時學會不讓憤怒主導行為，不讓情緒扭曲思考。

為了避免情緒失控，可以借助人生累積的經驗，例如：一感到生氣，就先暫停一下、深呼吸，像是喝點水、吃點東西這類小舉動，也有助於轉移情緒、釋放壓力。

把這些方法融入日常生活，搭配下頁圖中提到的建議，久而久之，就能慢慢培養出不輕易動怒的穩定心境。

重要

憤怒的情緒絕對有害身心！

生氣前記得深呼吸

感到怒氣上升時，試著在心裡默數 6 秒，這段時間可以讓情緒的高峰過去，幫助你冷靜下來。如果情況允許，暫時離開現場也會很有幫助。

別讓怒氣成為常態

就像持續運動能強化肌肉一樣，情緒的控管也需要練習。至少要避免長時間處於憤怒狀態，不讓怒氣成為生活常態。

緩解身體不適

壞脾氣與情緒不佳也會影響健康。反過來說，身體健康自然心情愉悅，就不容易發怒。在情緒爆發之前，請先細心傾聽身體的聲音。

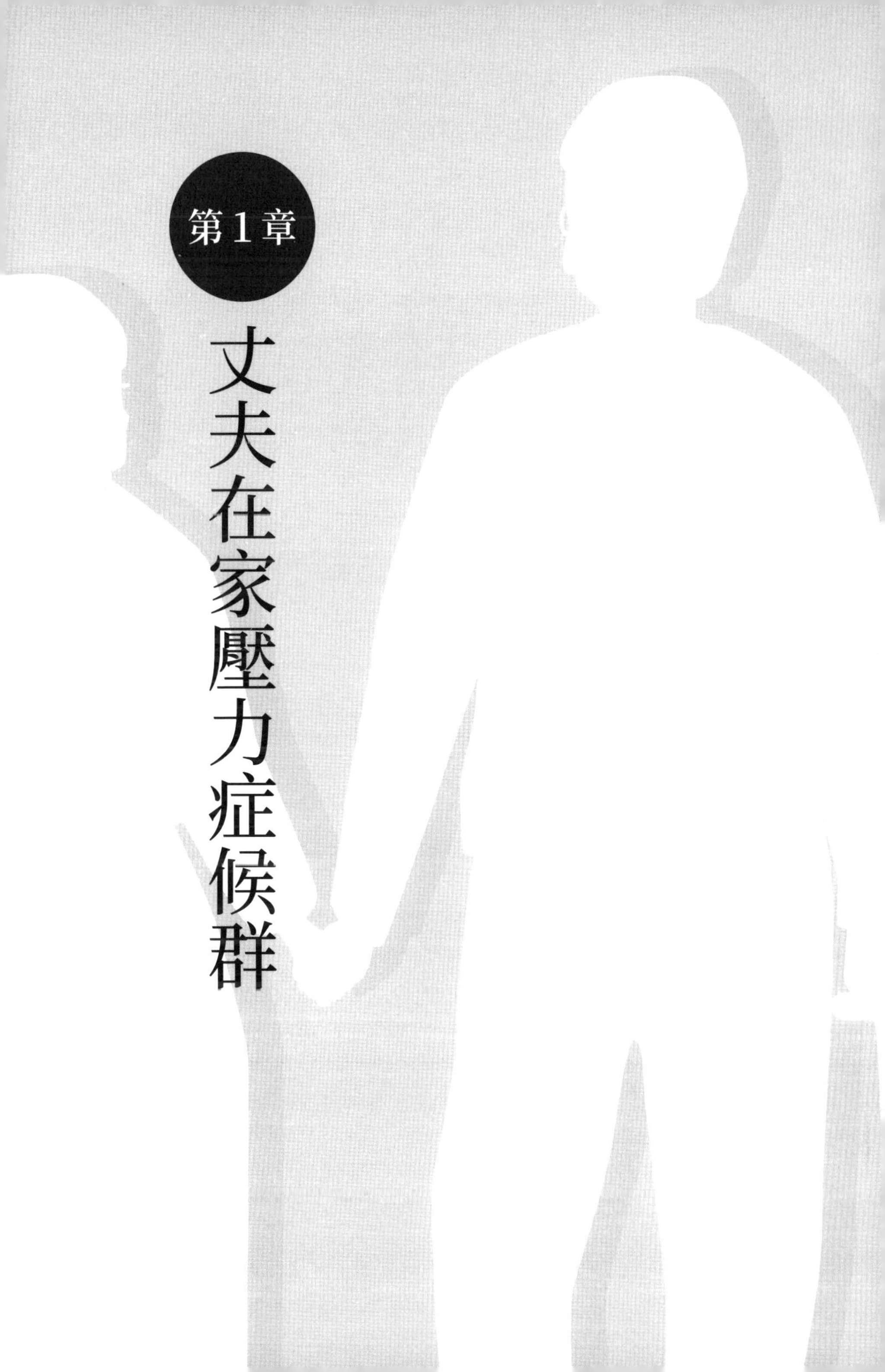

第1章 丈夫在家壓力症候群

天天見面的夫妻生活中，
保持適當距離其實是維繫和諧的關鍵。
本章將帶你認識過度親近可能帶來的問題，
以及如何做好建立一段
不黏不離關係的準備。

1 明明沒病，一看到老公就不舒服

越是認真的妻子，越容易得夫源病，症狀也越容易惡化。

在傳統男主外、女主內的家庭模式中，妻子可以趁著丈夫上班，做一點自己的事情喘口氣。而丈夫也可以將精力花在工作上，暫時遠離家庭中的壓力與瑣事。但一旦退休，夫妻開始朝夕相處的生活，即使感情再好，也難免感到壓迫與窒息。

對方惹人厭之處會變得特別明顯，原本可以忍住的小碎唸，也容易一時脫口而出。當妻子因丈夫的言行舉止，甚至僅是他的存在感到壓力，導致身心出現各種不適時，這種狀況就被稱為「夫源病」。

這個詞語是由開設男性更年期門診的醫師——石藏文信所命名。類似的概念還包括「丈夫在家壓力症候群」，意思是每當丈夫放假待在家，妻子的身體狀況就會明顯變差。

夫源病的常見症狀包括食慾不振、耳鳴、頭暈、憂鬱、心悸等。這些症狀多半源自妻子對丈夫的不滿，例如：粗暴的言語或行為、照顧公婆的壓力、丈夫對家事、育兒或長輩看護毫不參與，甚至外遇等。

不過，有時候光是丈夫的存在，就足以成為巨大的壓力來源。許多女性都是在丈夫退休、長時間待在家後，才開始出現各種身心症狀。

最令人頭痛的，是那種什麼都不會做、也不願意主動分擔的「依賴型丈夫」。他像小孩子一樣黏著妻子，成天媽媽、媽媽的叫，讓妻子的壓力不斷累積，最後罹患夫源病。

讓人抓狂的夫源病

老公的抓狂言行，讓妻子壓力不斷累積。

▶另一半怎樣都看不順眼？測測妳的夫源病風險指數有多高。

有些丈夫甚至會在妻子準備出門時不停追問：「妳要去哪？」、「我午餐要吃什麼？」、「妳幾點回來？」這情況就像小孩緊跟著媽媽跑，黏得讓人喘不過氣。

而最容易罹患夫源病的，通常是那些不善於抱怨、凡事自己扛、個性認真負責的女性。妳是否也屬於這類型呢？

妳可以參考左頁的小測試，如果有三項以上符合，就該好好留意自己的身心狀況了。

夫源病風險小測試

若丈夫已退休，或即將退休讓妳感到壓力沉重，不妨對照以下清單，看看是否有罹患夫源病的風險。

- □不善於表達情緒
- □注重賢妻良母的形象
- □非常關心家人的健康
- □在意別人的評價與看法
- □習慣委曲求全、默默忍耐
- □比起外出更喜歡待在家

□不擅長向別人求助

□做事嚴謹，不輕易敷衍了事

□不喜歡他人插手家務

□有什麼心事都放在心底

Check

符合三項以上的人 ← 嚴謹型 ← **容易罹患夫源病**

Check

符合兩項以下者 ← 自在型 ← **能與丈夫保持恰到好處的距離**

資料來源：《若即若離的婚姻：定年世代的新生活方式》，和田秀樹著，池田書店製作。

2 男人也有更年期障礙

老公情緒常低落？
有可能是男性更年期在作祟。

在退休後的生活中，感到不適應的，其實不只有妻子，丈夫也同樣不知如何是好。辛苦一輩子，好不容易從職場退休，終於擁有自由時間，卻經常被妻子唸：「馬桶蓋又沒蓋。」、「襪子不要脫了就亂丟。」、「垃圾要分類好。」每天就像小孩，做什麼都被唸。

偶爾想討好妻子，主動幫忙洗碗，也會被嫌：「這裡都沒洗乾淨，越幫越忙！」這樣的生活不僅讓人無法放鬆，反而壓得人喘不過氣，甚至覺

老婆的嘮叨也會讓老公抓狂

馬桶蓋又忘了蓋上。
襪子不要脫了就亂丟。
不要站著小便，要說幾次才知道。
垃圾要分類。
瞧瞧你，拖鞋又東一隻西一隻。
碎碎唸
用完了，為什麼不順手放回原位？
杯子放在那邊幹嘛？等誰幫你洗嗎？

老婆的碎唸，讓老公不知如何是好。

得在家沒有自己的容身之處。其實，心裡充滿委屈、煩悶的丈夫，並不在少數。

久而久之，有些人身心疲憊，對什麼事都提不起勁，整個人變得鬱鬱寡歡。此時，妻子難免又會忍不住多說幾句。但不妨靜下心想一想：妳的丈夫很可能正處於男性更年期障礙[1]。

女性更年期障礙通常是因為女性荷爾蒙（雌激素）急劇下降，導致荷爾蒙失調，引發各種身心不適。其實男性也一樣，當體內的荷爾蒙明顯減少時，也可能導致身體與情緒狀況變差。

最具代表性的男性荷爾蒙就是睪固酮。它不僅能強化肌肉與骨骼，還能提升幹勁與社交欲望、維持性功能、增強判斷與理解力等認知功能。但當

1 晚發性性腺功能低下症候群，Late Onset Hypogonadism，簡稱ＬＯＨ。

男性的更年期障礙

● 年齡與性荷爾蒙分泌的變化趨勢

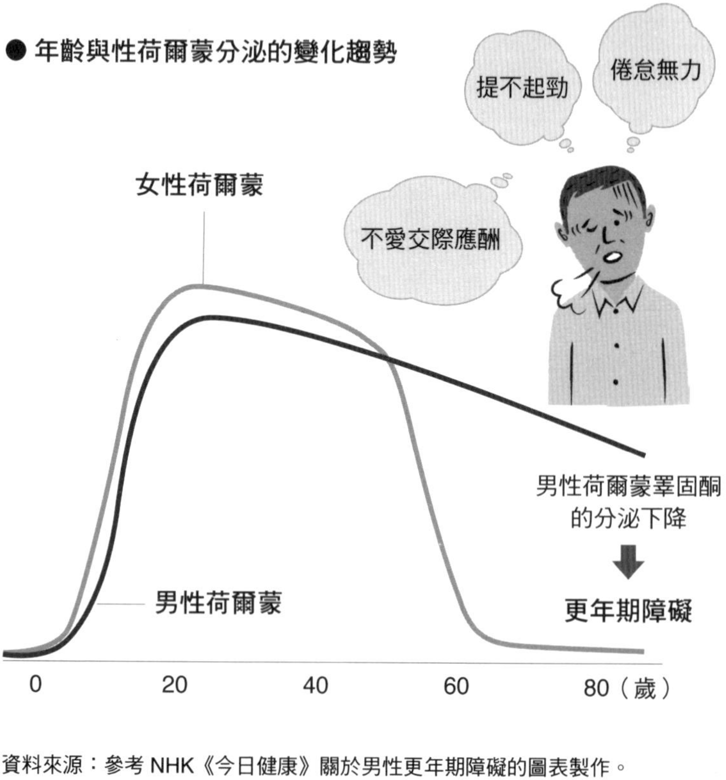

資料來源：參考 NHK《今日健康》關於男性更年期障礙的圖表製作。

睪固酮分泌下降時，不僅會出現意志力低落、行動力減退，還可能出現類似女性更年期的症狀：潮熱、盜汗、失眠、憂鬱、焦躁、肥胖、代謝異常，甚至性慾減退等症狀。

長久以來，大眾普遍認為更年期障礙是女性才會面臨的問題，直到近年來越來越多男性坦承自身經歷，社會才逐漸意識到，原來男人也會有更年期。有些男性甚至渾然不覺，而在不明所以中默默承受身心的折磨。

根據日本厚生勞動省[2]的人口動態統計，

2 相當於臺灣衛福部和勞動部的綜合機關。

男性荷爾蒙「睪固酮」的主要功能

- 強化肌肉與骨骼
- 提升幹勁與社交意願
- 維持正常的性功能
- 增強判斷力、理解力等認知功能
- 參閱第 31 頁

有一半以上的夫妻是丈夫年紀比妻子大，因此男性往往比妻子更早感受到衰老。不僅受男性荷爾蒙減少的影響，還可能因「什麼都做不好」的無力感而陷入失落，最終掉進封閉自己、意志消沉的惡性循環。

因此，當妳發現丈夫的狀態明顯異於平常時，他極有可能正受憂鬱所苦。此時，任何關心反而可能成為一種壓力，倒不如給予諒解與默默支持。

3 朝夕相處兩不厭？那是偶像劇戲碼

能持續維持結婚初期熱情的夫妻並不多，
大多數人也坦承，彼此從一開始就是陌生人。

第二人生的開始，是重新整理人際關係的好時機。這時，我們可以斷捨離那些出於義務而維持的交往，將時間花在讓自己感到快樂、有共鳴的人身上，人生將會更加充實、有意義。

夫妻關係也一樣，需要重新檢視。即使到了退休年紀，終於可以做回真正的自己、過自己想過的生活，現實中卻常常不如預期。像是想來一場拉麵巡禮，卻可能被另一半（有時甚至是孩子）阻止：「對身體不好。」

原本打算留作老本的存款，想拿來享樂一下，第一個跳出來說不行的，多半也是身邊的另一半。

當然，有時對方是出於關心而提出建議，我們也應該學會傾聽。但如果因此壓抑自我、事事退讓，忍耐過完下半輩子，那未必是對自己真正負責的選擇。

退休後的夫妻生活，還有一點必須注意——過去因為忙碌或育兒被忽略的話不投機或個性不合，現在可能會一點一滴的浮上檯面。

如果不是一起工作的夫妻，退休前彼此相處時間其實很有限，就算有互動，也多半是圍繞在孩子或家庭瑣事，真正的兩個人關係，反而從退休後才開始。

然而，當老公離開職場、子女也各自獨立，兩人真正進入只剩彼此的狀態，才會發現：原來我們並不那麼談得來、合得來。

夫妻之間「合不來」的問題開始浮現

・養育子女
・照顧雙親
・工作

→

缺乏共同話題，
整天大眼瞪小眼

有共同話題，又無須朝夕相處。

話不投機半句多，個性不合成為火藥庫。

例如好不容易安排了久違的法式晚餐約會，卻話不投機，全程冷場；或者一起去旅行，也覺得拘謹壓抑、毫無輕鬆感。出現這種情況，往往與年輕選擇另一半時的心態有關。

很多人在年輕選擇結婚對象時，是以「經過包裝的自己」在做選擇。例如男性會挑選看起來很會持家的女性，甚至出於現實考量：和這個人結婚，有助於自己升遷或發展。

至於女性，早期流行「三高」（高學歷、高身高、高收入）這種結婚理想型，後來又流行「三低」（低姿態、低依賴、低風險），也有不少人因此受這些條件框架給綁住，錯過真正適合自己的人。更別說那些因為父母壓力、社會期待而倉促結婚的人。

能夠以「這輩子非他不可！」的熱情步入婚姻，並把這份熱情維持到老年的夫妻，其實少之又少。即使是夫妻，本質上也仍是兩個獨立個體，不可能事事都能互相理解、完全契合。

如果覺得每天朝夕相處太累，不妨在白天各自規畫活動、保有適當距離，並事先訂好生活上的互不干涉規則，彼此都能更自在。

當夫妻還有共同任務（像是養育孩子）時，容易產生「我們是一體的」錯覺；但當這些任

重新檢視夫妻關係

● 朝夕相處是偶像劇的戲碼

- **白天各自行動**
- **訂定規則，互不干涉**

務結束後，能否彼此承認「我們本來就是兩個不同的人」，才是真正幸福的關鍵。

4 熟齡離婚成為趨勢

熟齡離婚的比例目前高達二五％，做出決定前，不妨先想想你們之間還合不合得來。

學歷、收入、外貌等條件往往是我們年輕時擇偶的條件之一。然而，當婚姻生活真正展開後，才會漸漸發現彼此觀念不合、聊不起來等相處上的落差，讓關係變得難以維持。

一般來說，如果夫妻之間本來就相處融洽，隨著年齡增長，感情通常不會出現太大變化；但如果一開始就彼此不對盤，關係也很難隨時間自然改善。若已經一起生活了二十年，還是覺得合不來，那麼期待日後關係突然變好，幾乎是不可能的。

你可能聽過，有些夫妻表面上看起來像是一對正常夫妻，實際上卻對彼此毫不關心，這被稱為「假面夫妻」；還有一種情況是雖然沒離婚、住在同一屋簷下，卻各過各的，形同分居，這種則叫「家庭內分居」。

長期處於這樣的狀況，不僅讓家中氣氛壓抑，對心理與生理健康也會造成負面影響。如果對方的存在只讓你感到壓力與痛苦，與其勉強自己繼續過這樣的生活，不如以退休為契機，選擇熟齡離婚，也是種選項。

所謂**熟齡離婚**，雖然沒有明確的法律定義，但**一般泛指婚姻關係持續超過二十年的離婚**。根據統計，在日本目前約每四對離婚夫妻中，就有一對是熟齡離婚，且這個比例逐年上升（見左頁圖表），這樣的決定如今已不再罕見（編按：根據內政部統計，臺灣人離婚的第一高峰落在婚後前五年，第二高峰則是結婚二十年。而六十五歲以上的離婚人數在過去十年間

熟齡離婚蔚為趨勢

● 離婚總數與熟齡離婚之比例

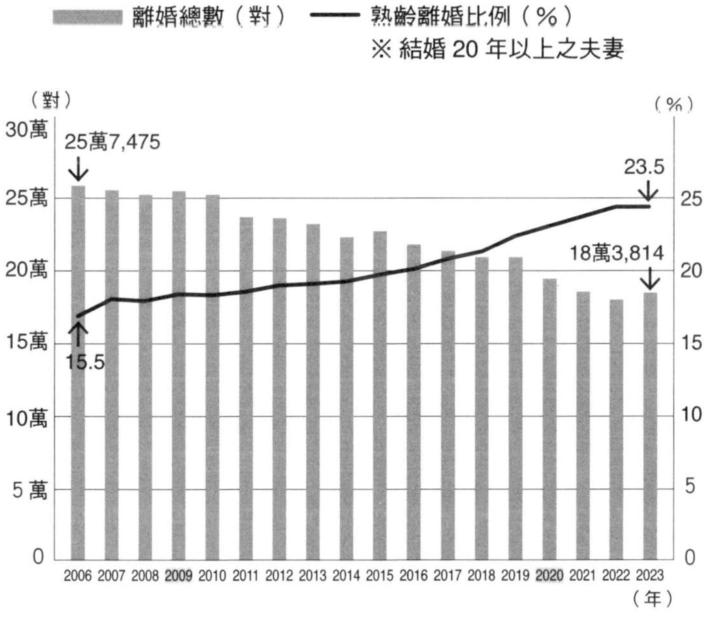

資料來源：參考自日本厚生勞動省《令和[3] 5年人口動態統計（上卷）離婚第10.5表：按年度劃分的同居期間別離婚件數、百分比及平均同居期間》。

3 令和是日本今上天皇德仁的年號，該年號於日本時間 2019 年 5 月 1 日零時整正式啟用。令和 5 年相當於 2023 年。

明顯增加）。

許多中高齡夫妻在離婚後，反而變得更加開朗、健康，有些人甚至在勇敢斷開讓自己鬱悶已久的關係後，遇見更契合的另一半，展開幸福的第二段婚姻生活。這也顯示，有時候與其硬撐著繼續下去，不如放手，雙方反而能各自獲得新的幸福。

話說回來，離婚並非一廂情願。特別是結婚多年的

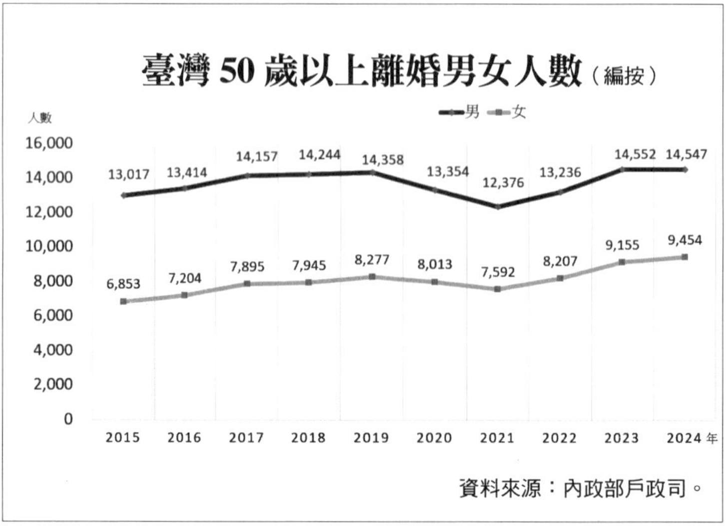

▲臺灣近 10 年來，50 歲以上離婚男女人數有增加趨勢，特別是女性。

夫妻，若一方突然提出離婚，往往會讓對方感到震驚、混亂，甚至引發激烈爭執。如果你已經下定決心，就應該清楚且堅定的表達自己的想法。如果無法獨自應對另一半的情緒壓力，也可以尋求第三方協助溝通。若對方的行為已經對你的身心健康造成影響，也可準備診斷證明，這對爭取離婚會有幫助。

不過，這並不是要鼓勵大家貿然離婚。畢竟，如果一時衝動就做出決定，離婚後的生活可能會陷入困境。因此，在提出離婚之前，請再次審視彼此的關係，思考是否還有修復的空間，也可以參考接下來將介紹的建議，試著實踐若即若離的夫妻關係，看看是否還有其他可能的相處之道。

熟齡婚姻只能「離」？

在做出離婚這項重大決定前，請再一次確認與另一半的契合度。冷靜思考後，你會發現對方的優點，甚至你的想法也會有所改變。與其一味挑剔另一半的缺點，不如問問自己：有沒有更合得來的人呢？

- □和對方聊天很愉快
- □餐桌上氣氛和樂
- □有共通的話題
- □餐飲習慣類似
- □有很多共同點
- □相同的金錢觀

- □想說什麼就說什麼
- □個性沉穩且體貼
- □和對方在一起感到安心
- □有共同嗜好
- □相同的價值觀
- □能夠坦率表達自己
- □對方能提升自己
- □想與對方共度一生

項目越多，代表伴侶越合適。

5 超過一半的妻子想過要離婚

與其整天膩在一起搞得彼此煩，不如適時拉開距離，反而有助於好好相處。

「家」本該是讓人放鬆、感到溫暖的小窩，但對某些人來說，卻因為另一半的存在，反而成了壓力與折磨的來源。而問題常常出在不懂得維持適當距離的關係。

俗話說情人眼裡出西施。回想年輕熱戀時，總會自帶濾鏡看人，對方做什麼都覺得可愛，缺點也選擇性忽略，你是否也有過這樣的經驗？

然而，當彼此成為長年相處的夫妻後，一切就不再那麼美好。對方的優點變成了理所當然，反而是任性、固執、遲鈍等缺點逐漸放大，令人煩躁不已、處處看不順眼。若是一方為了維持和諧而刻意遷就對方，另一方往往也會感受到壓力，開始在意對方的反應。越是彼此小心翼翼，越會覺得窒息難耐。

如果這樣的情況發生在無關緊要的人身上，大不了保持距離或斷絕往來。但對象是自己的另一半，事情就沒那麼簡單了。

許多妻子會疑惑，明明丈夫還在上班時，彼此相安無事，為什麼退休後，家裡卻吵鬧不斷、雞飛狗跳？

答案很簡單。那時候男主外、女主內的生活模式自然形成了一種緩衝的空間。而一旦開始朝夕相處，問題就更容易浮上檯面，矛盾也隨之升溫。但只要認知到問題出在缺乏距離的過度相處，事情就容易解決。與其在家裡大眼瞪小眼，不如各自安排活動，例如找朋友聚會、上健身房、培養興趣，各自擁有喜歡的生活空間，都是幫助夫妻保有適當距離的好方式。

當彼此拉開一點距離，或心中多了些餘裕，就更容易重新看見對方的好。像是「謝謝你」、「我很開心」這樣的話，也會更自然的說出口。感情始終是雙向的，當你願意真誠表達，對方也更容易回應一句「謝謝你」、「對不起，是我不好」這樣發自內心的話。說到底，夫妻之間的紛擾，往往來自過於緊密的相處模式。唯有保有那份剛剛好的距離，感情才更能長久保鮮。

此外，若能換個角度稍微退一步來看對方，例如：「這點希望他能改一改」、「這些事希望他能多做些」，也會讓我們多一份從容與體諒。

根據左頁的調查顯示，有關「老後是否還想與配偶一起生活」的問題中，女性的意願比男性低了約一五%。另一項「是否曾經考慮與配偶離婚」（見第八十二頁）的調查也顯示，回答「考慮過」的女性明顯較多，特別

相比妻子，丈夫更希望老後依然能一起生活

● 老後是否還想與配偶一起生活（單選題形式）

問卷對象：已婚者

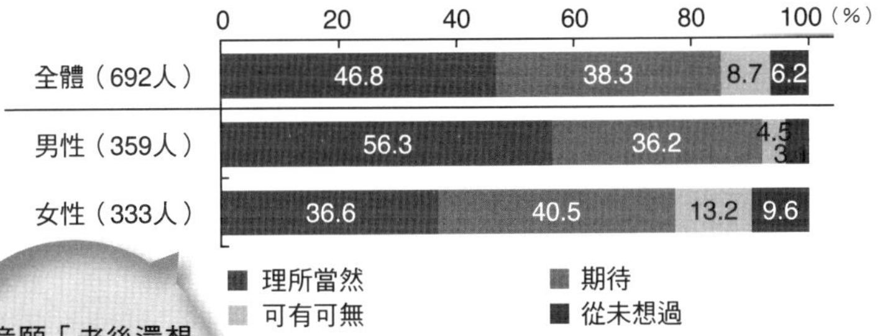

有意願「老後還想跟配偶一起生活」的女性，比男性少了大約 15%。

▶右表之數據採四捨五入計算

	可以的話	從未想過
全體	85.1%	14.9%
男性	92.5%	7.5%
女性	77.2%	22.8%

夫妻的認知天差地別

資料來源：Sony Life《2024年高齡族生活意識調查》——高齡族對夫妻關係的看法（單選題形式）。

50歲至60歲的妻子中，有一半曾經想過離婚

●曾經考慮過與配偶離婚的比例（50歲至79歲的已婚男女共600人）

——包含「正在考慮」以及「曾經考慮過」的人數總和（百分比）

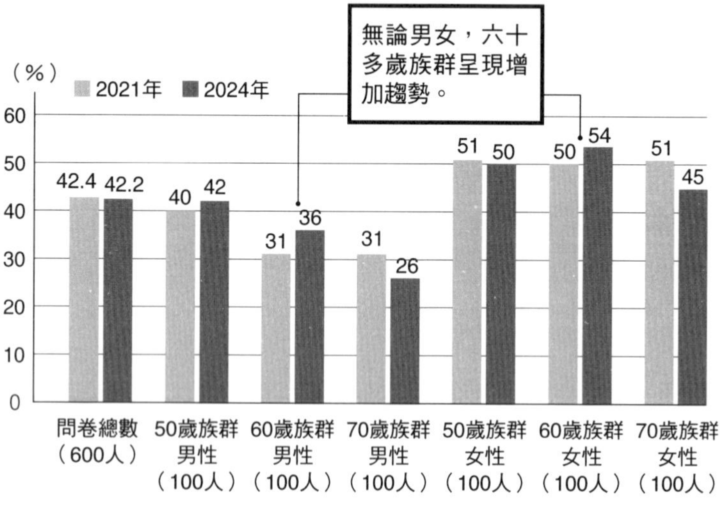

資料來源：參考自 Harumeku Age Marketing 與 Harumeku 生活智慧研究所《2024年夫妻關係調查》。

是在六十多歲族群中，更是超過半數。從二〇二一年到二〇二四年的數據來看，這個比例還有逐年上升的趨勢。

因此，身為丈夫的你，應該更有意識的調整彼此的關係，不要過度干涉或束縛妻子，學會留白與退讓，保持適當距離，才能讓這段關係走得更遠、更穩。

6 哪些能忍，哪些絕不能忍

把不滿分清楚，有助於釐清情緒；
真的忍不了的部分，就要讓對方知道。

為改善夫妻過度親近的問題，我們應逐步練習保持適當的距離。

首先是釐清不滿的來源。像是受不了老公愛抱怨、管東管西、有聽沒有到、亂花錢……仔細想的話，可能有一堆。這時候，拿個筆記本，把這些不滿具體的寫下來。例如「自己想怎樣都行，卻對我管東管西。」、「他講話超沒耐心，也不肯聽我說話。」這樣才能更清楚了解為何會感到不滿。

接著，把列出的不滿分成兩類：一種是半放棄、覺得期待也沒用、能忍的；一種是想到就抓狂，絕對無法忍受。

能忍的部分，不妨睜一隻眼閉一隻眼，免得自己太累。難以忍受的事，就想想怎麼做，才能讓自己心情好一點。好比「他那麼愛抱怨就自己整理自己的東西」、「白天如果想外出，不需要事先報備」、「愛買什麼是他的自由，但請用他自己的零用錢」等。光是這樣整理，不滿應該會少一些，妳也能看清楚哪些事絕對不能讓步，心情會輕鬆點。對於不能讓步的事，勇敢告訴對方妳的想法，這很重要。

有些人可能會害怕講出來，但以前完全聽不進去的那個人，現在其實也老了，脾氣沒那麼衝了，性格會變得比較圓融，再加上對於老後生活的不安，說不定還會意外的回：「好啦！我知道了」、「我會注意」這類話。

原因很簡單，從下頁圖表不難發現，有將近一半的男性希望老了以後，妻子能照顧他。再加上男性荷爾蒙的減少，火氣自然就沒以前那麼大，也不

有一半的丈夫希望未來生活仰賴妻子照顧

● 如果身體出狀況需要人幫忙，比如上廁所這些日常小事，你最希望由誰來照顧？

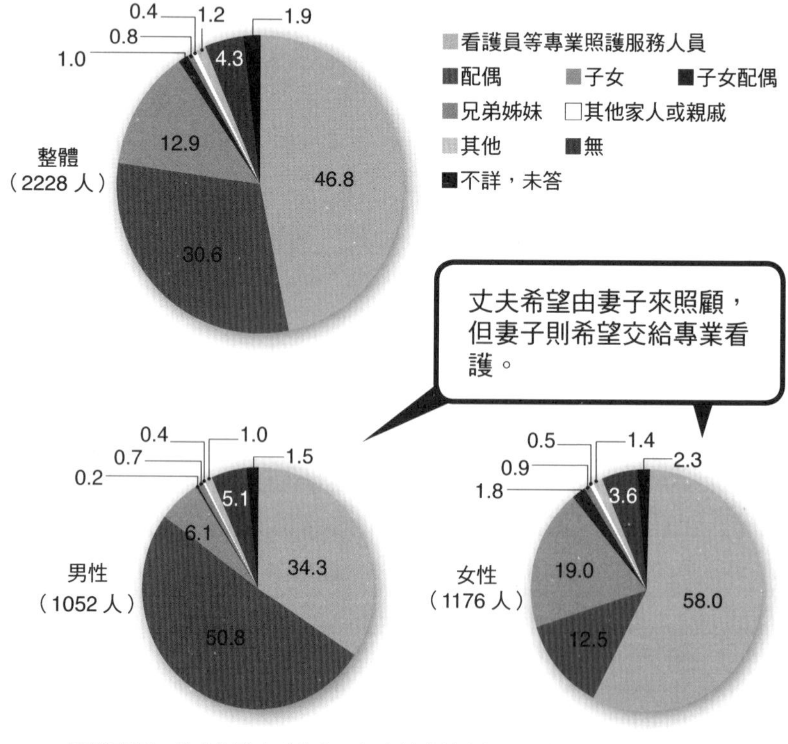

資料來源：參考內閣府《令和 4 年高齡者健康相關調查結果（完整版）》製作。

那麼愛吵了。

相反的，妻子們通常比較不指望丈夫照顧自己，覺得還是專業看護比較靠得住。為了老後著想，老公就是想抱怨也會有所顧忌。

不管怎樣，不滿之所以越積越多，往往是長期壓抑的結果。想說的話不敢說、想做的事不能做，對另一半也就會越看越不順眼。如果不好意思當面說，不妨寫信，讓對方知道自己心中的想法。

當然也可能遇到那種頑固不靈的老公。此時，可以考慮短暫分開住（見第一三二頁）雙方冷靜一下。如果對方因此情緒失控，越吵越凶的話，離婚也不失為一個選項，或是重新檢討雙方的問題出在何處。不論結果如何，重要的是看清楚兩人如何走下去，而不是無止境的摩擦與糾葛。

把看對方不順眼的理由寫下來，比較能找出解決方法。

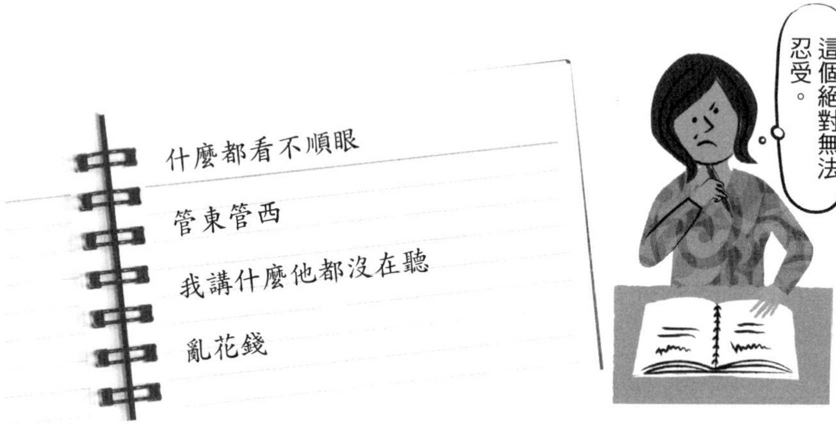
什麼都看不順眼
管東管西
我講什麼他都沒在聽
亂花錢
這個絕對無法忍受。

將列出來的不滿做分類整理

能忍就忍

如果是能忍的事，就別太放在心上了。

真的忍不下去了

想想看，怎樣做，自己心裡才會比較舒服；自己又希望事情變成什麼樣？

7 顧好自己，別管別人怎麼想

搞清楚自己想怎麼樣，
自然就能找到彼此最舒服的距離。

除了把對另一半的不滿寫下來，還可以試著把自己對夫妻生活的期待和願望列出來。寫的時候，先放下「對方會怎麼想？」、「這樣是不是太任性了？」這些顧慮，重點是要搞清楚自己真正想要什麼、不想要什麼。

當妳把願望清楚寫出來後，就會慢慢發現，什麼樣的相處距離比較舒服，怎麼分配家事才不會讓自己感到疲累。如果願望很多，也可以先排個優先順序，再跟對方溝通。

別再為了顧慮對方心情而煩惱

Q.

一直只想著自己的願望，這樣會不會太任性？

A.

先別管對方怎麼想、能不能做到，先專注在自己的想法就好。

試著把自己想要的生活寫下來

例

- 除了晚餐外，想吃什麼各自決定。
- 我希望我們的三餐可以各吃各的，不一定要一起。
- 彼此不要打聽對方吃了什麼、去了哪。
- 像煮飯、洗衣、打掃這些家事，應該平均分擔。
- 起床和睡覺的時間，大家照自己的生活節奏就好。
- 希望能分房睡。
- 除了過夜以外的外出，我希望可以不用經過對方同意，想出門就出門。
- 買東西各買各的，不一定要一起去。

MEMO

你也來寫寫看吧！

也許對方一開始不太容易接受，但如果什麼都悶在心裡，忍氣吞聲，問題永遠不會解決。

溝通時，別用「希望你怎樣怎樣」這種附帶請求的語氣，改用「我決定怎麼做」、「我要怎樣怎樣」來表達。例如，不說「希望你早上不要吵醒我」，而是說「最近很累，早上十點前先讓我好好睡一覺」；不說「希望分房睡」，而是說「你打鼾很大聲，我睡不著，所以我會先去另一間房間睡」。

光是把願望整理出來，心裡就會輕鬆很多。

8 生活規則講好，其他隨意

先把彼此的希望說清楚、訂好規則，其他時間就各過各的。

當夫妻攜手走入人生新階段，重新調整彼此的家庭角色與分工合作變得至關重要，這樣才能讓老後的兩人世界在若即若離的平衡中長久維繫。而其中，訂定新規則是關鍵所在。只要不違背規則，其餘就是個人自由，彼此不得干涉。趁著退休、孩子長大離家，或結婚週年這些時刻，不妨坐下來一起訂出理想的生活規則。

說到距離感，很多人會想到實際的空間，但其實心理上從黏在一起到保持適當距離，也是其中一種。人跟人保持一點距離，反而能更了解彼此，也能跟喜歡或愛的人長久維持好關係。

溝通時，可以坦率表達彼此的想法和需求，例如「生活用品或三餐，各自買」、「衣服各自洗」，同時帶著感謝的心情互相說明（見左頁圖）。

因為每個人擅長的事不同，有些長期固定的角色分工也是可以接受的，比如「飯菜和打掃由妻子負責（因為丈夫做不到，我來幫忙）」。另外，希望改善的地方也可以提出來，例如「回答一次就好，不要一直說是是是」、「說話口氣能好一點」。

雖然年紀大了，要改變說話方式或個性很難，但只要事先把彼此期望說清楚，訂立會注意的規則，就能營造出更理想的相處環境，減輕彼此的壓力。

稍微拉開距離，就能看清對方的優缺點，找到最合適的相處方式，而

坦率的表達自己的心情

自己想過什麼樣的生活？每天心裡在想些什麼？
請填寫下方的空格，然後和你的另一半分享。

我的一天是（快樂的／忙碌的／充實的／辛苦的／悠閒的／讓人疲憊的）。

我對［　　　　　］感到滿意。但其實內心還是希望能更［　　　　　］（想做／想試試看）。

我對我的丈夫／妻子在［　　　　　］這方面感到感謝。

如果可以說點小小的願望，那就是：

如果他／她能多（幫忙做家事／在工作上更努力／多花點時間陪我／［　　　　　］），我會很開心。

把理想生活方式訂成規則

範例

平常買東西和煮飯，就各做各的。

吃飯也各吃各的。

為了聯繫感情，每週或每月聚餐一次。

衣服自己洗。

過夜或旅行時，為了以防萬一會先報告，但不會多加追問或過度探究。

保持「剛剛好的距離」來改善彼此關係。

自己房間自己掃，公共區域就看是分區域還是分天來輪流打掃。

除非在外過夜，否則出門不用特別講。

這個距離會因夫妻不同而有所差異。讓我們一起摸索不遠不近的獨特距離感，並持續改善關係。重要的是，規則不代表義務，就算沒做到，也不必責怪彼此。如果規則不合適，雙方應該一起商量調整。

9 零用錢自主，各自歡喜花

怎麼花錢彼此都不干涉！
夫妻要公平，各自領一樣多的零用錢。

要保持適當的距離感，很重要的一點就是心裡要知道：**自己不喜歡被怎麼對待，對方也同樣不喜歡**。就像自己不喜歡被管得死死的，對方也會有同樣的感受，這點一定要記住。

一旦說好可以自由支配的零用錢後，雙方都不應干涉彼此的花費用途和金額。在扣除水電等共同支出後，應該共同設定一個彼此尊重、不會過度探究的預算範圍。

2023 年，65 歲以上退休夫妻家庭的月生活收支情況

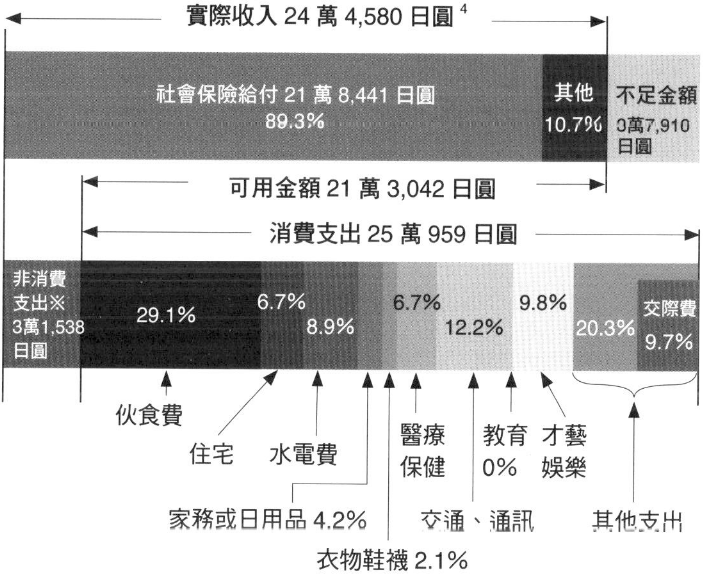

★圖中的「社會保險給付」及「其他」所示的百分比，為其在實際收入中所占的比例。
★圖中從「伙食費」到「其他支出」的百分比，則為其在消費支出中所占的比例。
★圖中「消費支出」項目中，給其他家庭的贈品或服務支出，包含在「其他消費支出」中的「交際費」裡。
★圖中所示的「不足金額」，是指「實際收入」減去「消費支出」及「非消費支出」後的差額。
※ 所謂非消費支出，原則上是指稅金、社會保險費等家庭無法自由運用的支出。

資料來源：參考自日本總務省統計局《家計調查報告〔家計收支篇〕2023 年（令和 5 年）平均結果概要》。

2024 年臺灣勞工規畫退休後的生活費用來源情形（編按）

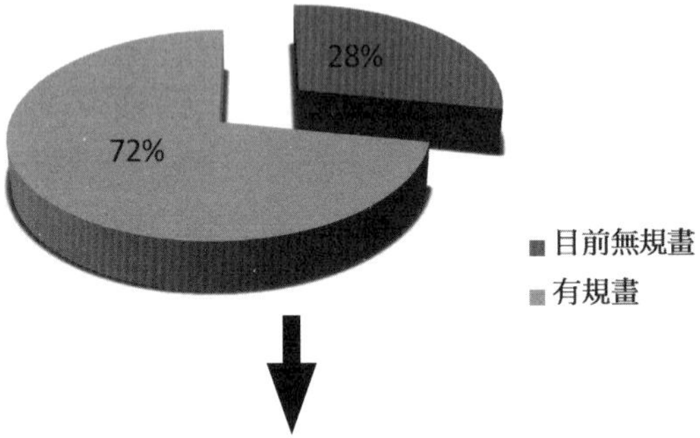

有規畫退休者之生活費各項來源平均比重

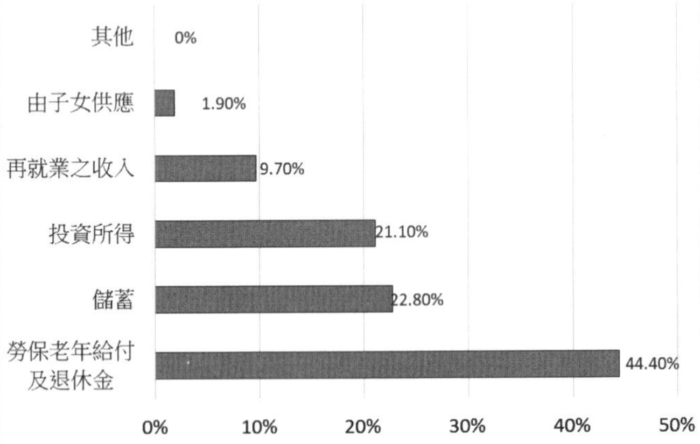

說明：依有規畫退休之勞工統計。　　資料來源：勞動部

錢可以用在興趣、購物等任何事，只要在預算範圍內，就不要互相抱怨或干涉。不過，如果還有房貸尚未還清，或是孩子的教育費用仍在支出，這時就不必強求設定自由使用的金額。

另外，即便丈夫的退休金是主要的自由支配來源，退休後若沒有其他收入，也需要一起正視這樣的現實。依照法律，夫妻財產分配通常是平分的[5]，因此在設定自由使用金額時，也應該考慮到夫妻雙方平均分配。

---

4 約新臺幣四萬九千七百元，依二〇二五年七月初匯率計算，一日圓約等於新臺幣〇．二〇三二元。

5 臺灣採用「法定財產制」，也就是夫妻各自保有婚前財產，婚後所得的財產原則上屬於夫妻共有。離婚時，法律沒有明文規定一定是平均分配，但多數法院會以公平原則判決。

第2章

誰也不是誰肚子裡的蛔蟲

為了實現不黏不離的夫妻關係，

也就是在保持適當距離感的前提下，

維持婚姻和諧、愉快共處，最有效的方法就是——

減少每天見面的時間，

以及夫妻共同訂立新的生活規則。

本章將介紹邁向成功的幾個關鍵訣竅。

1 睡眠離婚，感情更好

想睡得好，適當的分開很重要；
同一間房也可以用隔板來解決。

生活在同一個屋簷下，維持適當距離的最佳辦法，莫過於減少碰面的時間，例如各有各的房間。每天晚上只要互道晚安，便可以回到屬於自己的小天地。你可以盡情看書、做自己喜歡的事，冷氣溫度、燈光明暗也可以自己決定，想播助眠音樂也不怕吵到人，完全自由！

最棒的是——再也不用忍受另一半的打呼、翻身、磨牙，或者半夜起床上廁所打擾，也不用為了配合對方硬撐著不睡，可以在自己想睡的時間點舒服的入睡，不受干擾，睡得更深、更好。除了尊重彼此的空間外，夫妻分房睡，反而對睡眠品質與身體健康有幫助。

當我們睡著後，身體正默默的消除疲勞、修復或促進細胞的再生；大腦也會整理當天接收的資訊，並儲存記在腦海中。如果睡不好，不僅免疫力會下降，身體出現狀況，還可能引發精神不集中，或記憶力衰退等後遺症，甚至影響心理健康（見左頁圖）。

即便分房有不少好處，但難保對方會點頭接受。此時，不妨從健康的角度切入，強調分房睡有助於提高睡眠品質，或許更具說服力。另外，有調查顯示，超過六成的六十歲以上夫妻，早就開始分房睡。他們的理由你也可以拿來參考[1]（見第一〇八頁圖）。

如果家裡沒有多的房間，也可以用屏風或隔板，把一個房間劃分成兩個小空間。睡前想談心時，將隔板拿開；想獨處時，再把它放回去。這樣

資料來源：參考日本厚生勞動省「e– 健康網」製作。

※ Delayed Sleep-Phase Disorder，簡稱 DSPD，是一種因晝夜節律失調所產生之睡眠障礙，患者睡眠與清醒時間比正常人來得晚，而在社交上形成障礙。

六十多歲的夫妻中，有超過六成分房睡

調查概要 對象：20 歲至六十多歲的男女；人數：2,000 人（男女各 1,000 人）
調查方式：網路調查
調查期間：2024 年 8 月 29 日至 2024 年 10 月 10 日

你和另一半同房睡嗎？

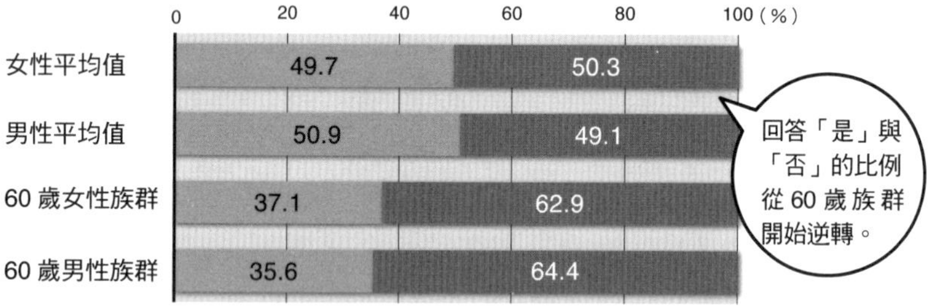

夫妻分房睡的理由（可複選）

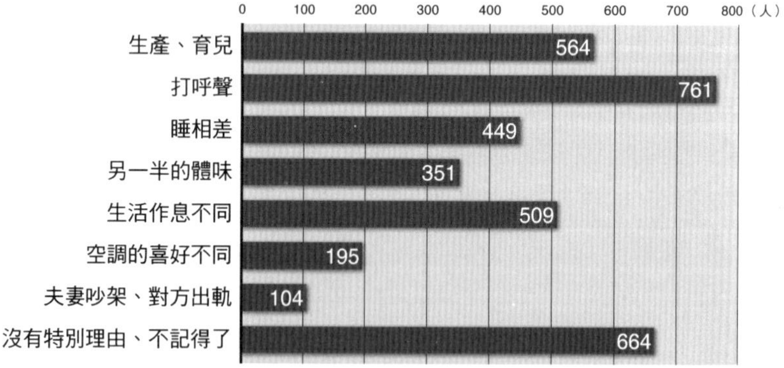

資料來源：以上兩張圖皆參考已婚配對網站（https://kikon-match.co.jp/）「夫妻分房睡的比例（男女、年齡別）、理由、契機、優點與缺點」問卷調查製作。

的半個人空間，雖然不如獨立房間自由，但至少能有個喘口氣的角落，也兼顧了互相照應的彈性。對那些想要有點自己空間、但又不想離太遠的夫妻來說，這是非常不錯的選擇。

---

1 臺灣一項針對一百一十名三十歲至四十五歲在職女性的調查發現，約三七%的夫妻選擇分房睡，另外也發現六十四歲至七十四歲的高齡夫婦分房睡的比率最高。分房睡的原因包括：希望把休息時間留給自己、不想配合另一半的生理時鐘、受夠打呼磨牙、擔心翻身會吵醒對方，以及習慣的溫度差異太大等。

2 生活可以鬆，作息不能亂

保持自己的步調來照顧身心，
不過起床時間還是要一致。

當夫妻倆都卸下養兒育女和工作的重擔後，其實就等於恢復自由。既然如此，又何必遷就對方的起床或睡覺時間？與其互相遷就、彼此摩擦，倒不如各過各的，反而有助身心健康。

就像上班族有彈性工時制，可以自行決定上下班時間一樣，夫妻之間也可以建立一套適合自己的起床與睡覺時間。不過，話雖如此，還是應該有一個夫妻相處的核心時間，例如固定一起吃晚餐，既可以促進情感交流，又能掌握對方的狀況。

起床時間雖然可以不同，但各自的起床時間則建議每天一致。因為作息混亂，會影響大腦中的神經傳導物質，也就是所謂的快樂荷爾蒙血清素的分泌。血清素減少，會連帶影響促進睡意的褪黑激素（Melatonin）分泌，可能導致睡眠障礙。

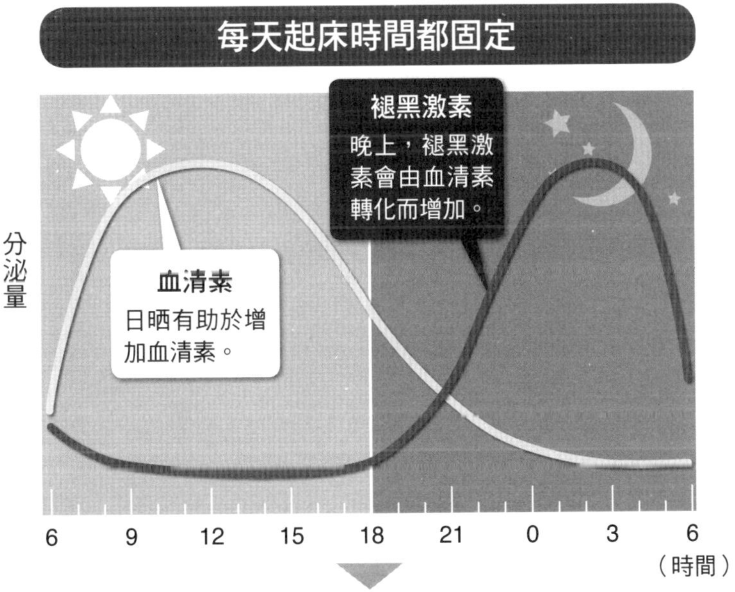

優質睡眠有利於血清素與褪黑激素的分泌

3 妳已經煮一輩子，夠了！

想吃什麼就吃什麼，午餐時間自由自在，生活也跟著輕鬆不少。

午餐該準備什麼，成了老公退休後，老婆感到頭痛的問題之一。以前老公還在工作、不在家時，用昨晚的剩菜或冰箱裡的食材，就可以隨便應付一餐。但老公一旦退休在家，常會忍不住問：「中午吃什麼？」想到接下來的一、二十年還得每天為午餐傷腦筋，難免讓人感到鬱悶。

其實，午餐不妨彈性一點，大家各自解決也不錯。更何況沒有人規定午餐一定要在家吃，外出用餐反而利多於弊。例如可以鍛鍊腳力，晒太陽

外出用餐好處多

午餐外食好處多，不用再窩在廚房煮飯、收拾廚房，外出走走也能鍛鍊腳力。更何況晒太陽有助於快樂荷爾蒙「血清素」的分泌。唯一缺點就是花費較高，從這個角度來看，這筆花費也是為健康投資。

優點		缺點
• 無須煮飯與收拾廚房 • 出去走走，鍛鍊腳力 • 選項多且美味	＞	• 開銷較大

利用午餐時間，來趟異國美食小旅行吧！

海鮮燉飯
（西班牙料理）

河粉
（越南料理）

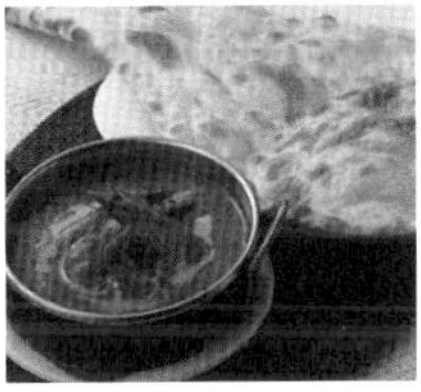

咖哩飯
（印度料理）

還有助於大腦分泌血清素。而且，每天尋訪新餐廳也能刺激額葉的活性，預防大腦退化，可說是一舉數得。

另外，為了避免進餐時的無形壓力，不妨將座位從面對面改為九十度角。相信會讓用餐氣氛更輕鬆、自在。

4 家事也要斷捨離

家事夫妻一起做，才是真正一起生活的日常。

既然在外打拚多年的老公已經退休，老婆當然也應該從家事全包的角色中退場。家事原本就應該由家庭成員共同承擔。只是因為老公過去在工作，才被自然豁免。既然已經退休，那麼開始一起分擔家事，才是合理的做法。

為了讓分工更明確，不妨參考下頁圖，列出「倒垃圾」、「準備早餐」等具體項目，然後以一週為單位，分配誰負責哪一天。當然，剛實施時，老婆必須多一點耐心，因為從未做過家事的老公，一開始難免手忙腳亂。

家事不要一個人扛，要採取分擔制

● 家事值班表（範例）

	內容	一	二	三	四	五	六	日
上午	倒垃圾		夫			夫		
	準備早餐	夫	妻	夫	妻	夫	妻	夫
	收拾餐桌	夫	夫	夫	夫	妻	妻	妻
	洗衣服	妻	妻	妻	妻	妻	夫	妻
	打掃浴室	夫	夫	妻	妻	夫	夫	夫
	打掃房間	妻		夫		夫		妻
晚上	摺疊衣物	夫	夫	夫	妻	夫	夫	夫
	準備晚餐	妻	夫	妻	夫	妻	夫	妻
	收拾餐桌	夫	妻	夫	妻	夫	妻	夫
不定期	倒垃圾（資源回收）	夫			夫			
	超市採購			2人				2人

請人來家裡打掃也可行

分工合作是共同生活的基本原則

- 食材與日用品的採購
- 準備三餐
- 泡茶或咖啡
- 洗碗或收拾碗筷
- 洗衣服、晒衣服與摺疊衣物
- 房間的打掃與整理
- 浴室、洗手間或廚房等的打掃
- 倒垃圾，裝垃圾袋

此外，也可以善用一些雙薪家庭愛用的高效能家電，也是省時省力的神器（見第一九八頁）。

另外，請人來家裡打掃也是一種選項。偶而花一筆小錢，讓彼此喘口氣，享受自由的時間，何樂而不為？面對老後的生活，家事的斷捨離也極其重要，適時的放手能活得輕鬆又自在。

5 不追問，是對彼此的體貼

透過月曆確認彼此的行程，
只要大致掌握，就能避免猜疑和爭執。

外出的行程也是夫妻間容易爭吵的話題。不論是老公還是老婆，都不喜歡被人追問：「要出去啊，去哪？」或「幾點回來？」。

當然，其中也不乏是出於關心而非控制慾，擔心出門在外有個萬一的話，怎麼辦？問題是朝夕相處的退休生活，更需要給雙方私人空間，以免造成精神壓力。另一方面，與其事事坦白，倒不如留一點祕密，更能添加神祕感與生活樂趣。

話說回來，畢竟是同一個屋簷下共同生活，像個路人般來來去去，總是讓人不悅。此時，不妨將月曆當作留言板貼在冰箱上，註明自己的預定行程。例如五點打高爾夫、十一點吃午餐和看歌舞伎[2]等。這樣對方就能預先知道是否需要準備餐點等細節，彼此都能有心理準備。至於幾點回家，反而可以留白。因為一旦寫了，容易變成壓力來源，像是「要趕著回家」、「太晚回家怕對方擔心」等。因此，雙方約定不寫回家時間，反而是最自在的做法。

2 日本獨有的劇場藝術，同時也是日本的傳統文化之一。

在牆上月曆寫下行程，避開不必要的爭執

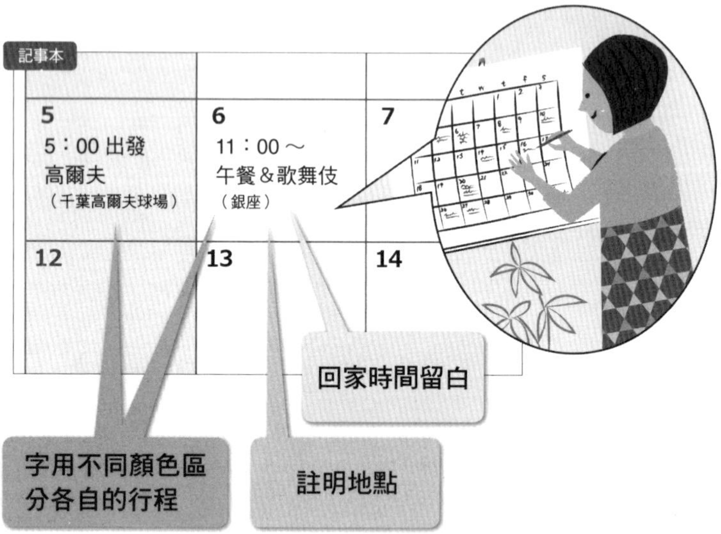

把出門時間和目的寫下來，對方比較不會疑神疑鬼。

6 沒有共同興趣也無妨

發掘生活中的樂趣，讓大腦充滿活力，第二人生自然精彩又自在！

退休後的生活，擁有自己的興趣與人生目標極其重要。如果每天無所事事，缺乏生活刺激，不僅容易感到空虛，還可能提高罹患失智症或老年憂鬱等腦部病變的風險。為了避免陷入情緒低潮，即使現在還沒有特別想做的事，也很值得花些時間探索。

不知道從哪開始的話，可以試著重拾起年輕時曾經接觸過的嗜好。或許會發現當年沒注意到的樂趣，讓生活變得更加充實。同時，也能讓夫妻

沒有興趣也沒關係，不妨重拾年輕時的興趣

現在熟齡族都在玩些什麼？					
第1名	散步、健走	42.5%（男性第 1 名、女性第 1 名）	第6名	聽音樂	26.1%（男性第 5 名，女性第 6 名）
第2名	國內旅行	39.3%（男性第 2 名、女性第 2 名）	第7名	園藝、盆栽、家庭菜園	24.4%（男性第 11 名，女性第 4 名）
第3名	電腦	31.8%（男性第 3 名、女性第 7 名）	第8名	一日遊	20.9%（男性第 9 名，女性第 8 名）
第4名	閱讀	30.2%（男性第 4 名、女性第 3 名）	第9名	溫泉旅行	19.0%（男性第 10 名，女性第 10 名）
第5名	看電影、追劇	26.4%（男性第 6 名、女性第 5 名）	第10名	看體育競賽	18.5%（男性第 7 名，女性第 13 名）

調查概要

調查方法：網路調查　調查期間：2023 年 3 月中旬
調查地區：日本全國　調查對象：40 歲至 80 歲以上的男女
有效樣本數：2,000 人（男性：1,000 人／女性：1,000 人）
資料來源：參考「熟齡生活總研《關於熟齡族的休閒．興趣．才藝學習——2023 年 3 月調查》」製作。

退休後才開始從事的興趣

英語、韓語、或中文等外語	電腦	游泳、健身或網球等運動	音樂、樂器

臺灣55歲至64歲，及65歲以上者近期主要休閒活動（編按）

單位：%

	有參與休閒活動	前6項主要休閒活動					
		看電視	戶外活動	親友聚會	線上活動	園藝活動	購物旅遊
55歲至64歲	98.90	43.95	22.30	7.38	8.87	4.02	3.07
男	98.59	44.76	21.07	9.73	8.51	3.60	2.47
女	99.19	43.19	23.46	5.17	9.22	4.42	3.64
65歲以上	97.01	50.99	21.99	7.65	2.84	4.57	1.30
男	97.56	48.90	23.02	8.97	3.62	5.40	0.80
女	96.54	52.73	21.13	6.57	2.19	3.87	1.73

附註：
1. 戶外活動：包含跳舞、練功、散步、騎腳踏車、打球、爬山、健走等。
2. 親友聚會：包含和親友聊天、泡茶、唱歌等。
3. 線上活動：包含查資料、看影片、聊天、玩遊戲等。
4. 園藝活動：包含種花、整理花園、園藝、盆栽等。
5. 購物旅遊：包含逛街、購物、旅遊、收藏物品等。

資料來源：衛福部統計處。

之間保有各自的空間，各自開心做喜歡的事，互不打擾。

有些人也許會想：「既然都退休了，不如夫妻培養共同興趣吧？」這樣的想法聽起來很理想，但其實未必適合每個人。如果是從年輕時就一起投入的興趣，那當然沒問題。如果是到了退休才臨時起意想一起做點什麼，往往容易事與願違、適得其反。

因為每個人的興趣不同，過度介入對方的私人時間，反而可能會讓人感到壓迫。尤其是那些過去總把重心放在工作、長期忽略家庭的丈夫，突然想參與對方的生活，往往會被視為「來亂的」。對多數妻子而言，丈夫本身往往就是壓力來源。

7 老了更要有自己的「地盤」

連孩子都需要自己的隱私空間，父母更不例外。

客廳向來被視為家庭的核心，是家人聚在一起聊天、共享天倫的場所，父母也透過這裡守護孩子健康成長。然而，隨著孩子逐漸長大，有了自我意識，自然會想待在自己的房間裡。這是建立自我認同的重要階段，也是成長的必經過程。

既然連孩子都需要私人空間，身為大人的父母更當如此。有些父母為了優先讓孩子擁有房間，將房間讓給子女使用。孩子獨立後，不妨把空出來的房間改成夫妻其中一方的個人空間，這樣也很不錯。

把原本的客廳改造成老婆的專屬房間

還沒退休時

客廳
孩子的房間
寢室

→ 將客廳改為老婆的房間，小孩房改當老公的書房。

孩子獨立之後

老婆的房間、臥室
老公的書房
老公的臥室

子女既已獨立，是時候放下以客廳作為家庭核心空間的執念了。

而且，隨著家庭成員各自有自己的空間，客廳聚一起的需求也會降低。有些家庭甚至會考慮取消客廳，改造成獨立的個人房間。與其拘泥於傳統的形式，不如讓夫妻有各自打造理想的獨立空間。擁有個人的空間與時間，才是心靈最好的養分。隨著年紀增長，越需要尊重個人的生活方式。

8 偷懶不是什麼可恥的事

喜歡的事就做，不喜歡的就別勉強，
這樣彼此相處起來輕鬆，身心也都舒服。

接下來，我們來談談夫妻不黏不離關係成功的祕訣，也就是雙方共同認同，並實踐的新相處之道。

許多夫妻打拚了大半輩子，好不容易從工作崗位退休，或卸下養兒育女的重擔。照理來說，正應該是輕鬆自在的時候，卻常常因為生活中的雞毛蒜皮，或者干涉彼此的行動自由而吵得不可開交。試想人生苦短，難道不能各退一步換來日常生活的海闊天空？既然已經卸下重擔，何不隨心所

做自己喜歡的事，討厭的就別勉強

做開心的事、想做的事，對大腦也有好處

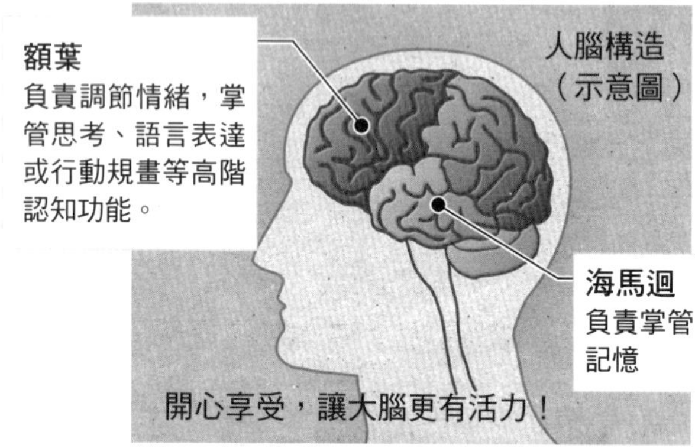
額葉
負責調節情緒，掌管思考、語言表達或行動規畫等高階認知功能。
人腦構造
（示意圖）
海馬迴
負責掌管記憶
開心享受，讓大腦更有活力！

維持大腦活化的三大要素是愉悅感、成就感與新鮮感。透過自己想做或感興趣的事情能讓大腦恢復青春與活力。

偷懶不是什麼可恥的事，
沒必要勉強自己做不想做的事。

想休息就休息，別讓自己太累！

上了年紀之後，與其為了無謂的堅持搞得身心俱疲，倒不如隨遇而安，反而換來彼此的自在與各自安好。

欲的享受接下來的人生呢。

當夫妻雙方都能將隨心所欲當成一種共識，自然懂得尊重對方，而非事事干涉或抱怨。更何況對大腦來說，愉悅與躍躍欲試的心情是最好的興奮劑，有助於維持腦部功能或預防失智提早來臨。

同時，很重要的是，不要勉強自己做討厭的事。忍耐和強迫，會成為身心的負擔。當想休息、不想做時，勇敢告訴對方，適度偷懶沒關係。當對方這樣說時，也請不要生氣，而是理解接受。

之前提過，夫妻間要把彼此想要的生活方式提出來，並形成規則。但規則並非義務，即使偶爾沒遵守，也不要因此責怪對方。

除此之外，控制飲食也要適可而止。中年後，人們常把鹽分、糖分、脂肪視為三大敵人，認為應該嚴格控制。的確，攝取過多可能導致高血壓、糖尿病、血脂異常，並加速動脈硬化，增加中風、心肌梗塞的風險，中年

別太斤斤計較鹽、糖、油脂的攝取量

鹽分不足 ➡ 低鈉血症（Hyponatremia）	隨著年紀增長，腎臟逐漸失去調節功能。高齡者容易因鈉（食鹽成分之一）的攝取不足，而出現暈倒或痙攣現象。
糖分不足 ➡ 重度低血糖	血糖過低容易腦筋一片空白或頭重腳輕。特別是糖尿病患者，在藥物的作用下，若頻繁發生，嚴重將可能增加失智症的風險。
脂肪不足 ➡ 加速老化	高齡者基於節食或在意膽固醇等而偏向清淡的飲食。然而，脂質不足容易引發器官衰竭或受損，而讓身體出現各種狀況。最常見的就是病懨懨的毫無生氣。

▼

不用堅持自己煮，外食、便當都 OK。

之前適度控制有其必要。

不過，到了七、八十歲的高齡階段，就該停止對自己或對方說「要少吃一點」。因為臟器功能隨年齡下降，缺乏這些營養反而可能帶來意想不到的負面影響。而「想吃」的慾望，也可能是身體告訴你某種營養不足的訊號。

9 分開幾天，他就知道妳有多重要

給彼此一些獨處的時間，能讓雙方冷靜下來；
有時一次短暫的出走就能改善關係。

夫妻之間最怕無休止、劍拔弩張的爭吵。夫妻長期關係緊繃，會讓家中氣氛變得不好，壓力累積也會侵蝕彼此的身心。尤其遇到不可理喻、無法溝通的另一半更是令人感到無助和絕望。當你發現無論怎麼做，對方都毫無反應，甚至讓你開始覺得：「再這樣下去真的很難撐下去……。」那麼或許雙方可以暫時分開冷靜一下，找個飯店、回娘家，或者來個短暫的離家出走或分居，也許能收到意想不到的效果。

適當的抽離能讓對方意識到妳的重要性

當雙方溝通變得雞同鴨講時，分開一下有助於雙方冷靜思考。

找個飯店、回娘家，來個短暫離家出走或分居也不錯。

發現新的問題和解決方式，
讓夫妻相處方式有所改變。

有時候適當的抽離能讓對方意識到妳的重要性。當妳不在家時，他可能會發現家務、接送等事一個人根本做不來，而冷靜下來反思：「原來是我錯了……」。如果真能這樣，那妳就掌握了主導權，回家後，也更容易讓他聽進妳的話。同時，妳也能藉由獨處冷靜思考，發現新的問題和解決方式，讓夫妻相處方式有所改變，進而改善關係。

然而，以空間換取時間的策略也講究循序漸進。年輕時可以回娘家，但上了年紀以後，除了不想讓年邁的雙親擔心外，還得顧及面子，娘家不再是避風港。雖然投奔好友家也沒問題，但為了顧及隱私，價錢合理的日租套房、短租公寓、商務旅館，或去旅行散心也是不錯的選項。

倘若這個策略奏效，記得趁機立下規矩：「如果一切又回到以前那樣，我還會再離開」，以此作為提醒和底線。

相反的，這也可能因此激怒對方，換來一句：「不是離家出走？幹嘛

短暫離家出走與分居的優點

一個人生活後，才會體會到家務的辛苦與妻子的珍貴。

我回來了！你不是說不會打掃嗎？
啊！真的好難啊，我現在才知道妳平常多辛苦。

伴侶也可能因此改善過去的行為與態度。

保持距離，也能讓妻子冷靜下來。

ZZZ
「那傢伙雖然讓人生氣，但我對他好像也太苛刻了……」

以客觀的角度看待自己，往往能帶來新的領悟。

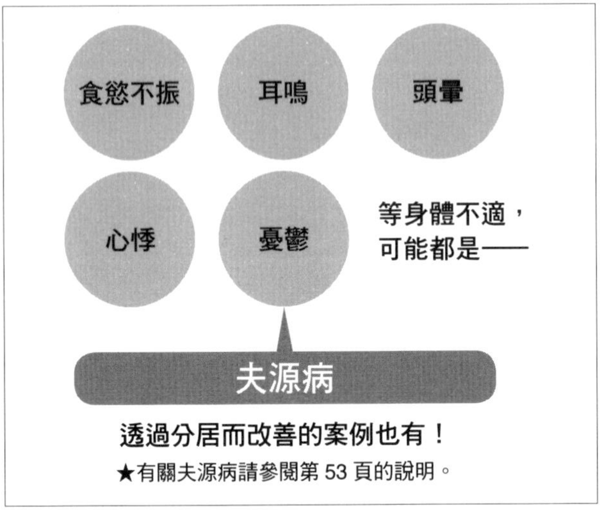
食慾不振
耳鳴
頭暈
心悸
憂鬱
等身體不適，
可能都是——
夫源病
透過分居而改善的案例也有！
★有關夫源病請參閱第 53 頁的說明。

又回來！」這種話，那麼或許是該考慮分居或離婚的時候了。

日本喜劇演員上沼惠美子就是個真實案例。她在老公退休後，深受「夫源病」所苦，後來選擇與丈夫分居，生活也逐漸輕鬆起來。這說明，有時候給彼此空間，減少接觸，不僅會改變心境與想法，很多問題也會迎刃而解。

10 做到60%就夠了

不用事事追求完美，對自己好一點，做到六成滿意就好，這樣身心會比較輕鬆健康。

夫妻之間如果能夠彼此完全理解，當然是最好不過的事。然而，即使是夫妻，歸根究柢仍是沒有血緣關係的陌生人，期待百分之百的心意相通，實在有些強人所難。因此，夫妻相處的關鍵，在於相互體諒與避免吹毛求疵。懂得一笑置之，才是維繫家庭和諧的不二心法。

每個人的想法各有不同，美國精神科醫師、賓州大學醫學院精神病學名譽教授、被譽為「認知療法之父」的阿倫・T・貝克（Aaron T. Beck）及其團隊所提出的「十二種認知扭曲」（cognitive distortion）理論，揭示了壓力與憂鬱症的成因。

由於女性普遍較為嚴謹認真，不習慣大而化之，因此認知扭曲的傾向較男性更為明顯，也更容易受憂鬱症所苦。十二種認知扭曲中，尤其要注意的是「二分法思考」（即非黑即白、非全有即全無的極端思考模式）。這種思考模式在年長者中特別常見，因為無法接受灰色地帶，容易累積壓力，也較容易導致憂鬱症的發作。

認真且對自己要求嚴格的人，常給自己施加壓力，認為自己必須做到最好，甚至也會用同樣的標準要求另一半。當事情不如理想時，就會自責：「我真是個失敗的人」，或陷入自視傲慢。這樣的生活方式，即便沒得憂鬱症，也會讓自己的人生過得很辛苦。

俗話說的好，退一步海闊天空。更何況人非聖賢，對自己和他人要求

生活放鬆一點，人生會輕鬆很多

睜一隻眼閉一隻眼，大家都輕鬆點。
頂級護膚膏
$30,000 日圓
給它買下去
有一點點愧疚，反而會對另一半更溫柔。

完美，只是跟生活過不去。因此，不必期待對方百分百完美，能接受做好六成就夠了的心態，反而更有利於感情健康。

同時，也別忘了對自己寬容，別總是逼自己完美。適度的後悔與自責，反而能讓人更溫柔的對待另一半。夫妻如果能有這樣共同的想法，感情自然會更穩固。

認知扭曲來自於不懂得釋放壓力

認知扭曲的 12 種思維模式

1	二分法	非黑即白的思考樣式。	7	災難化思維	漠視其他因素，將所有責任往自己身上攬。
2	以偏概全	深信虛無飄渺的預測。	8	貶低自己	不分青紅皂白的妄下定論。
3	選擇性注意	疑心疑鬼，總覺得別人都很討厭或看不起自己。	9	情緒性推論	侷限於既有的印象，不知變通。例如雙親必須由子女來看護，或工作沒做完就不能下班等。
4	否定正向經驗	自己與自己過不去，否定所有優點。	10	理所當然思維	一切想法被情緒牽著走。
5	擅自臆測的讀心術	忽略其他，專注於某一面。	11	標籤化	缺乏信心，總是看低自己。
6	片面預測未來的算命師思維	將單一事件當作普遍現象。	12	過度自責	什麼事情都預設最壞的情況。

資料來源：參考自 A. 弗里曼、J. 普雷策、B. 弗萊明、K.M. 賽蒙著，
高橋祥友譯《認知療法臨床手冊》（金剛出版）。

11 一個人也可以好好生活

多點各自的空間，不只生活輕鬆，對大腦也有好處。

我們總以為獨樂樂不如眾樂樂，特別是夫妻就應該同進同出，其實不然。因為真正懂得獨處的人，自由支配的時間較多，人生也更加充實。這也是若即若離相處模式的真正意涵。

除了個人行動的自由以外，獨處還有一個好處。

研究指出：人類大腦中最早開始老化的，是額葉。一般大眾普遍認為大腦衰退是從負責記憶的海馬迴開始，但事實並非如此。

額葉是大腦中最為發達的區域，掌管情緒、思考等高階認知功能。當額葉開始老化，也意味著情緒功能的退化，進而導致意願降低、不想動腦、不想活動，結果身心功能逐漸退步。

以下是一個簡單的心理測試，能評估你的意願程度。如果一項都沒有，請務必多留意！

預防情緒的老化

身體的老化
從情緒開始

↓

情緒老化

↓

提不起勁

↓

不愛動腦與懶得活動

↓

大腦與身體加速老化

大腦萎縮的第一個受害者，
不是掌控記憶的海馬迴，
而是調控情緒的額葉。

也有可能會得
老人憂鬱症！

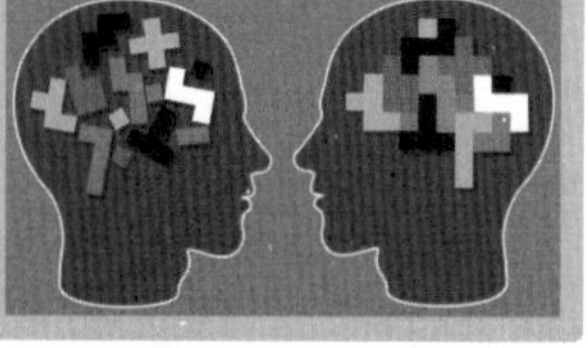

□最近有買報紙（宅配以外）、雜誌或書籍。
□曾經想去旅行或外出用餐。
□想主動與朋友、熟人見面。
□想重拾過去的興趣。

情緒老化的三大主因如下，雖然都是隨年齡無法避免的生理現象，但仍可透過個人意識來控制與改善：

- 大腦額葉的萎縮。
- 動脈硬化。
- 幸福荷爾蒙血清素的減少。

享受孤獨的祕訣

一人世界逍遙又自在！

節省時間、金錢與體力

擺脫紛擾的人際關係

保有私人時間

行動自由

獨自享樂
↓
刺激額葉
↓
預防情緒老化

▼

孤獨並不可怕，重要的是自由自在享受人生！

作詩、填詞

繪畫

彈奏樂器

額葉只要參與「有趣的、想做的事」，就能被活化；而血清素的減少，也可以透過每天晒太陽來改善。

學會獨處與享受孤獨是人生的課題。因為到頭來總有誰先走一步，只要提前做好心理準備，到了那一天，也比較能保持平靜，讓日子照常過下去。因此，當務之急就是為老後的人生培養自己的興趣（見右頁圖）。

12 各自安靜，各自美麗

總有一天會需要互相幫忙，
現在先給彼此多點自由空間吧。

如同前面說過的，若即若離夫妻的相處方式，能有效減少兩人實際同處的時間。最理想的狀況是，當一方在家時，另一方外出。當然，兩人同時前往不同地點也可以。活動內容不一定要是興趣，也可以參加志願服務、或順便外出吃個午餐，都很適合。

遲早會有需要彼此互助、無法獨自行動的時候。在那之前，請互相尊重彼此的獨處時間。

避免在狹小的家中產生緊張氣氛

能好好放鬆的時間，
真的很重要！
提前安排各自
使用客廳的
專屬時段
4 比 5 再見全壘打
等我回來

晚上 9 點至 11 點
老公專屬時段。

晚上 7 點到 9 點
老婆專屬時段。

為了讓彼此都能擁有喘息空間，不妨事先約定好使用客廳的時間，或考慮分房睡（見第一〇五頁）。能夠放鬆身心的專屬時光，是最重要的。

例如，如果老婆唯一的樂趣是「每週二某個時段看電視劇」，這時如果丈夫在旁邊發出聲響，或突然從她眼前走過，對她來說就是打擾。這種小干擾累積起來容易引發不滿，導致家中氣氛緊繃。因此，平時就該注意，盡量別在家中互相牽動對方情緒，才能維持彼此的平和與自在。

13 大人的新生活運動，交新朋友

不擅長交朋友沒關係，
偶爾找個可以說說話的人，生活也會更有趣。

前面提過，上了年紀以後，必須學會獨處與享受孤獨。所謂獨處不等於獨來獨往，孤獨也不代表與世隔離。因為人類畢竟是群居的動物，過於孤僻只會加速額葉的萎縮，導致老化迅速加劇。因此，避免與人完全隔絕的孤立狀態，創造與夥伴或他人交流的機會非常關鍵。

以健身房為例，與其悶著頭自己苦練，倒不如趁機結交新朋友，聊聊哪個教練比較帥，更能添加樂趣。其他像是積極參加社團，或是相約喝咖啡，

擁有能互相理解的朋友是一種幸福

有很多地方
和機會
可以找到新朋友！

運動俱樂部

下午茶聚會

社團

都是拓展交際圈的好方法。然而，朋友貴在精，不在多。如果將朋友的多寡視為自己是否受歡迎的標準，而來者不拒的話，只會適得其反。因此，結交心意相通的朋友，珍惜彼此的緣分是關鍵。

對於天生內向的人而言，不妨從點頭之交做起。這種關係雖然較為薄弱，相反的也不會因為個性不合而有壓力。除此之外，社群媒體（SNS）也是不錯的選項，或許能夠透過鍵盤發現新世界也未可知。

14 想去哪就去哪的旅行新概念

旅行回來說說趣事，
夫妻間沒話聊的狀況也能改善。

「如果另一半有想去的旅遊地點，就開心的送他出發。」這樣的規則，就是若即若離夫妻理想的相處模式。不僅能在旅途中獲得能量並放鬆心情，回來後分享旅途中的美好經驗，更能讓兩人在一起的時間充滿話題和歡笑。

隨著年紀增長，女性因男性荷爾蒙增加，往往變得更愛社交，喜歡和朋友們熱鬧聚會；相反的，男性因男性荷爾蒙減少，較傾向獨自追求自己想做的事。因此，建議妻子可以和朋友們一起組團旅行，丈夫則自由自在的獨

年紀大了，人際關係也會改變

丈夫
加油啊！
好壯觀啊！
・職場上交際應酬的壓力。
・男性荷爾蒙衰減。
覺得跟人打交道很煩。
妻子
大家看！
真有意思！
・女性荷爾蒙減少。
・男性荷爾蒙增加。
精神變好，開始變得愛跟人交往。

自出遊。

不過，頻繁旅行可能會帶來經濟壓力。為了避免紛爭，不妨基於公平原則，事先說好零用錢的使用額度（見第九十八頁）。這筆錢可自由使用，避免「剛去完一次，怎麼又想去？」之類的爭執。希望你們都能多多出門旅行，從中獲得美好的刺激與活力。

第3章

你放過我，我也放過你

為了維持若即若離夫妻的良好距離感，
妻子和丈夫各自應該注意哪些事，
才能讓關係更加順利？
本章將透過夫妻相關的統計數據來說明。

1 有點冷淡的相處，剛剛好

老公明明做得到卻不去做……
別再當那個操心過頭的媽媽了。

很多人在婚後逐漸陷入一種模式，妻子常會變得像丈夫的媽媽一樣。對許多共同生活了幾十年的五、六十歲男性而言，妻子早已不是女人，而是完全成了像母親的存在。

不僅生活瑣事由妻子一手包辦，連金錢管理也交給對方，自己幾乎什麼都不做。甚至有了孩子後，稱呼也變成了媽媽或媽咪，這樣的情況並不少見。

其中有些丈夫，對妻子漠不關心，卻理所當然的認為她應該像親生母親一樣，為他做家事、照料生活。而許多妻子也早已習慣扮演媽媽的角色，默默接受這一切，日復一日的照顧丈夫、哄他、讚美他、責備他，就這樣過日子。

當丈夫還在工作時，這種相處方式或許還能接受。但一旦丈夫退休，整天待在家，對妻子來說，他的存在就會變成一種壓力與負擔。為了避免這樣的狀況，妻子應該試著從「照顧型母親」的角色中解放出來。請看看左頁圖表的調查結果：許多丈夫明明會自己買東西、做飯，卻選擇不做。其實，當一個「有點冷淡的媽媽」反而剛剛好。

不是不會，只是不想動手的丈夫

Q：你會自己去買食物和日用品嗎？

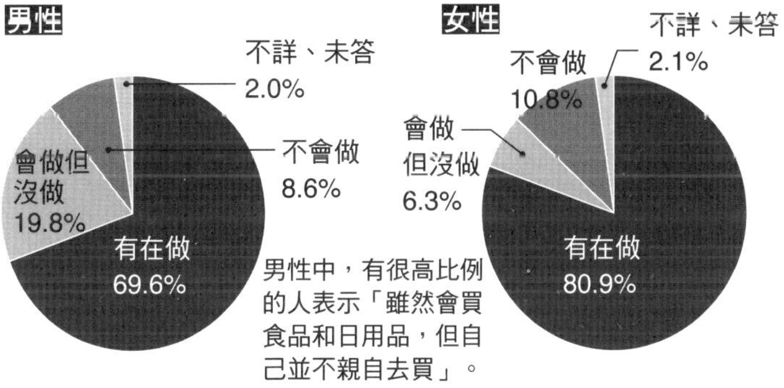

Q：你會自己準備餐點嗎？

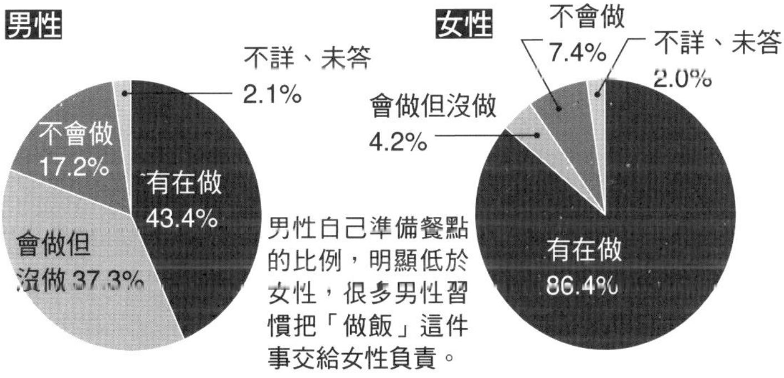

資料來源：參考內閣府《令和 5 年度高齡社會對策綜合調查（關於高齡者住宅與生活環境調查）》

2 照顧公婆，不是妳的本分

想讓自己的人生更開心，就別硬著頭皮在家照顧，改找照護中心比較好。

當父母開始出現失智症狀或需要照護時，很多人第一個反應是想要在家照顧。即使是平常一年只見一、兩次面的父母，也會特地請他們過來，甚至突然開始同住，想靠自己解決問題。至今仍然有很多人認為將父母送進照護機構是不孝的。

可能是受「父母從小照顧我們，等他們老了，照顧他們是理所當然」的想法影響。然而，家庭照護往往帶來複雜的情感糾葛，讓父母和子女雙方都承受巨大壓力。身心的負擔遠超過想像，最糟甚至可能演變成虐待。與其讓事情發展到那一步，不如一開始就尋求專業照護機構的幫助。

就像有小孩的父母希望有幼兒園，是為了能安心工作一樣。把父母送進照護機構，也是為了活出自己的人生。請放下「照顧父母是理所當然」的成見（見下頁圖），積極蒐集相關資訊，尋找最適合的方案。

2022 年 10 月

單位：人、%

	需人協助人數(人)	兼用長照比率(%)	住家宅(%)	主要照顧者(%) 家人照顧	主要照顧者(%) 看護照顧	主要照顧者(%) 居家/社區照顧服務員	主要照顧者(%) 其他(含鄰居朋友)	住機構(%)
55-64 歲	**119,360**	**38.73**	**89.46**	**84.08**	**3.89**	**1.50**	**-**	**10.54**
65 歲以上	**751,731**	**59.30**	**89.52**	**63.66**	**18.12**	**6.72**	**1.01**	**10.48**
65-74 歲	208,144	54.54	90.16	67.14	14.19	7.97	0.86	9.84
75 歲以上	543,587	61.12	89.27	62.33	19.62	6.24	1.07	10.73

資料來源：衛福部統計處。

▲在臺灣 65 歲以上須協助生活活動者，主要仍仰賴家人照顧。（編按）

照顧公婆是長媳的責任，已成過去式

從「需要照護者」角度看「主要照護者」的親屬關係構成。

20 世紀左右，照護工作被視為長媳的責任，但現在這種情況已經非常罕見了。可以看出，人們現在更依賴配偶，而不是子女。

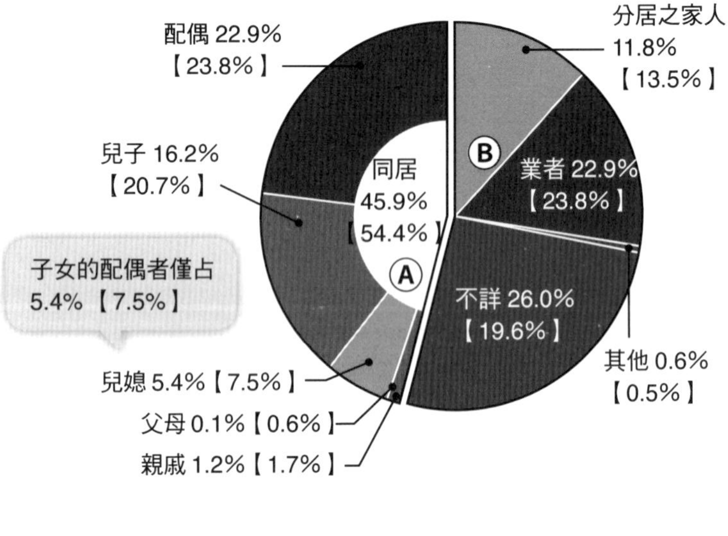

※【　】內為 2019 年（令和元年）的數據。

資料來源：參考厚生勞動省《2022 年（令和 4 年）國民生活基礎調查概況 IV 介護狀況》製作。

主要照護者按性別與年齡階級的構成比例

Ⓐ主要照護者為同居者

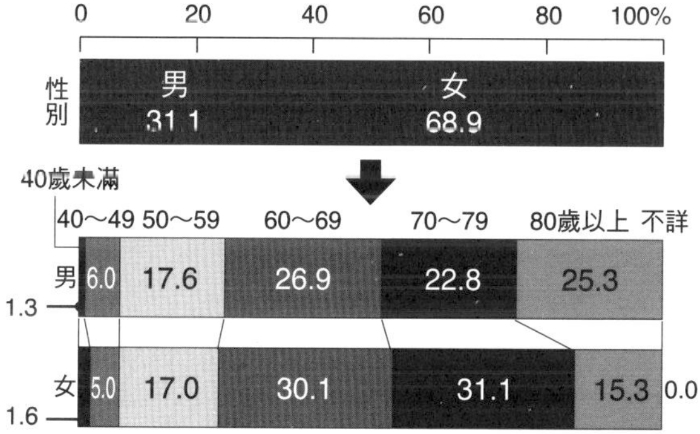

※2022年（令和4年）調查中，男性「同住主要照護者」無年齡不詳者。

Ⓑ主要照護者為分居之家人

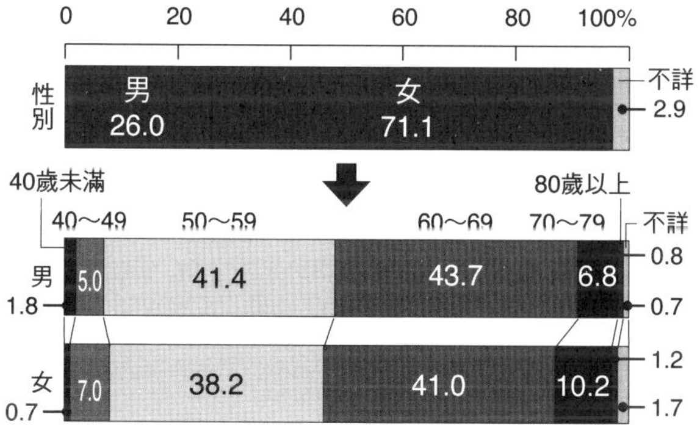

3 生活可以沒重心，但不能無聊

別為了應酬勉強自己，
想做什麼就做什麼，這樣才會真正開心。

為了與老公保持剛剛好的距離，老婆不妨主動參加一些感興趣的活動或社團。這正是若即若離夫妻中，最聰明的相處之道。

如果妳還不太確定自己想做什麼，不妨參考左頁圖中的統計分析，從中挑一項有興趣的開始。其實，六十五歲以上族群中，每四人就有一人參與這類活動。因為參加者多半年紀相仿，很容易就能找到聊得來的朋友或熟識的人。

65 歲以上，每 4 人就有 1 人參與學習活動

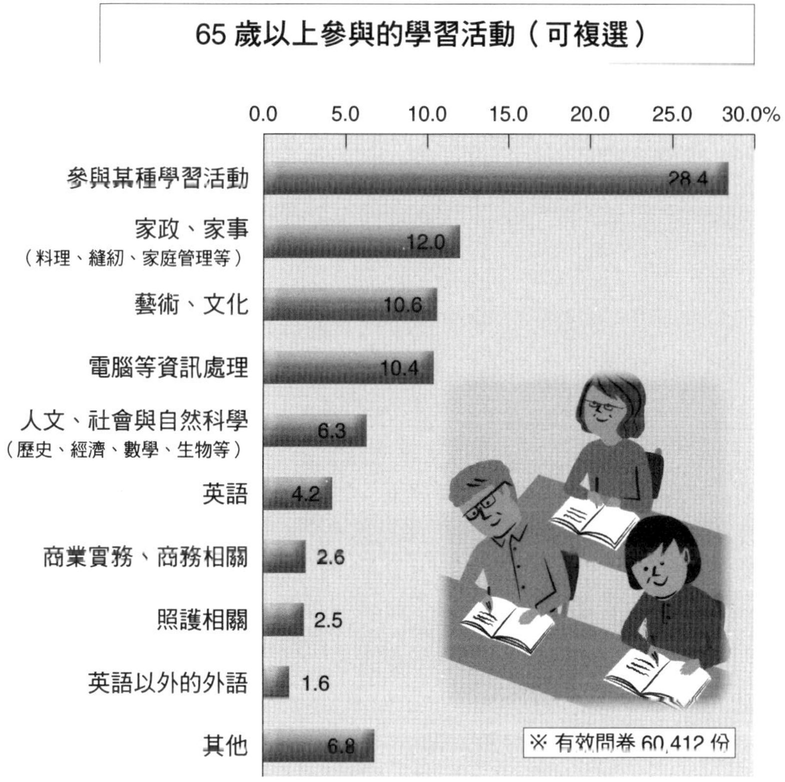

資料來源：參考內閣府《令和 6 年版高齡社會白皮書（完整版本）第一章第二節 高齡期生活動向》製作。

在結交新朋友這件事上，也不用拘泥於對象的性別。如果剛好遇上一位能讓妳微微心動的異性友人，反而能為大腦帶來正面的刺激，有助於延緩老化，甚至令人容光煥發。

此外，六十多歲的女性因體內男性荷爾蒙逐漸增加，會變得更有幹勁與行動力，這正好也能幫助妳在人際關係上更積極主動。因此，邁入人生下半場，更應該勇敢去追求自己喜歡的事，盡情享受那份「做自己」的幸福感。

至於那些早已變得可有可無的老朋友、點頭之交，或左鄰右舍等，與其礙於情面、費力周旋，倒不如慢慢拉開距離。畢竟，勉強與壓抑，不論對身體還是心理，都是一種傷害。

4 買衣、追星，也是一種投資

覺得生活喘不過氣時，不妨來趟小旅行，當作短暫逃離，心情會好很多。

進入正題前，請放下「為孩子留財產」的想法。這不僅會讓孩子變得依賴，也會減少你人生的樂趣。正如第九十八頁所建議，夫妻雙方各自決定自由支配金額，用來做自己想做的事並享受生活，是更好的方式。

至於錢的用途，屬於個人自由，雙方都不應該干涉。只要不超出預算，老婆偶而逛街採購一番，或者到處追星也無妨。若夫妻關係氣氛不佳，不妨先存下一筆錢作為離家出走（見第一三二頁）旅行時的資金。目的地保

不干涉對方的金錢使用方式

每個月的基本花費

夫妻共同支出

- 水電、瓦斯費
- 居住費
- 餐費
- 日常用品費
- 稅金、健保

＋

老公的花費

老婆的花費

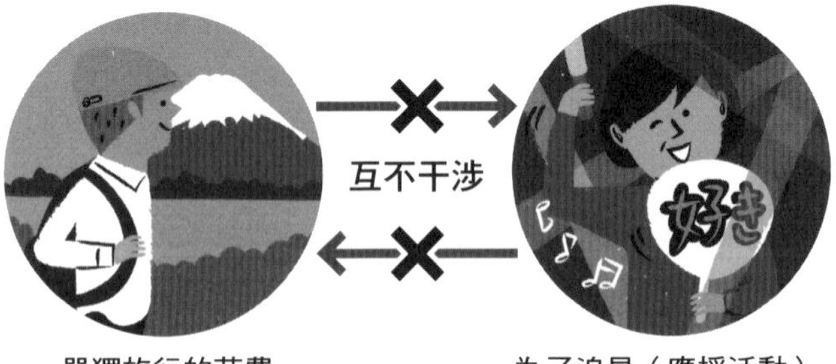

單獨旅行的花費

為了追星（應援活動）
去看偶像演唱會的花費

密，參加數週的海外旅行，回來後如果能讓老公反省並改善關係，那就太好了。

除此之外，現在用手機也能輕鬆操作股票或虛擬貨幣投資，若運氣好還能增值，這也是一種享受投資的方式。總而言之，光是想想自己的零用錢該怎麼花就能增添人生的樂趣。若不知道怎麼花，思考各種可能的花法也是一種樂趣，不妨嘗試創造屬於自己的新玩法。

5 丟掉「應該」，人生馬上順眼

別被媽媽那輩的生活模式限制，自己和家人才能活得輕鬆自在。

阻礙夫妻建立不黏不離關係的，與其說是丈夫反對，不如說更多時候是妻子內心「應該這樣」的想法（見第一三七頁）在作祟。

這種對事情抱持「一定要這樣才對」的僵化觀念，對任何不符合預想的行為都無法接受，是一種常見的偏執思考模式，也被認為是容易導致憂鬱的思維方式之一。

以目前五、六十歲的女性為例，她們的母親多出生於戰前。那個世代

拋棄傳統思維，才能海闊天空（舉例）

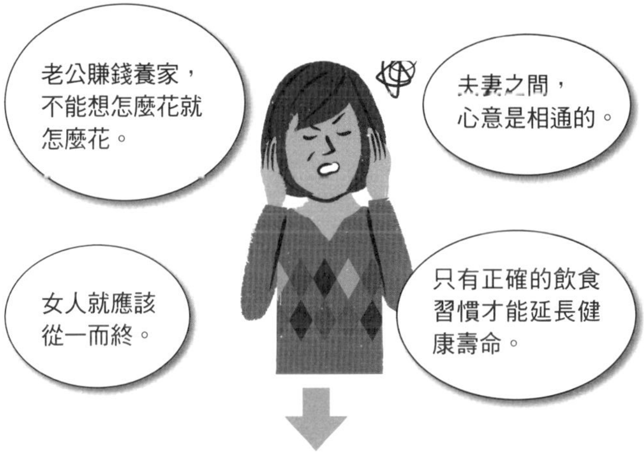
老公賺錢養家，不能想怎麼花就怎麼花。
夫妻之間，心意是相通的。
女人就應該從一而終。
只有正確的飲食習慣才能延長健康壽命。

過度執著於「應該這樣」的想法，不僅讓自己的人生受限，也會讓家人的生活變得壓抑。

的女性多為家庭主婦，將照顧丈夫、操持家務、撫養子女視為理所當然，並相信那就是女人該有的生活。這一代的母親經常灌輸「妳是女孩子，就該怎樣」的老派教育，讓今天的女性也深受「應該這樣」的想法影響。

舉例來說，妻子在夫妻關係中常見的觀念，包括：「靠老公賺錢過日子，就不能亂花錢」、「女人應該從一而終」等。當一個人過度受這類思維限制，不僅會讓自己的人生變得侷限，也會讓家人的生活失去彈性，甚至成為壓力來源。因此，請放下這些執念，讓生活有更多自在與可能。

6 最佳回春法，談個戀愛吧！

遇到讓妳心動的異性，
會激發妳變得更美麗、更有自信。

現在有各式各樣的抗老方法，其中被認為最有效的是——戀愛。

年輕時，只要在學校或職場有喜歡的人，光是想到要見面，就讓人充滿期待，甚至只是對到眼，心就會怦然跳動。其實，年紀再大，一旦出現讓人憧憬的對象，內心也會像少女般悸動。

這種心動與悸動感，能活化體內的性荷爾蒙，還能刺激大腦的指揮中心——額葉——對大腦的年輕化也很有幫助。

和異性朋友共度的時光，是回春的泉源

異性帶來緊張感與刺激，不同於另一半或同性朋友的相處，能讓眼界更為開闊、心境更加開朗。

雖然「身邊已經有老公」，戀愛的雷達可能早就關機了，但只要能遇見一位讓妳覺得「這個人真不錯」的對象，就已經很足夠了。這不是談情說愛，也不會有失戀的傷害，只有滿滿的好處。

也很推薦多交些男性朋友。除了可以和異性一起吃飯，也能相約看電影、逛美術館，這些都能帶來回春效果。這種互動中會有與老公或女性朋友不同的微妙緊張感與新鮮感，能讓生活更有張力、自己更有精神。

為了讓自己更年輕、更有活力，請主動去認識一些異性朋友吧！

7 推活，值得妳瘋狂！

跟同年齡的粉絲一起支持偶像，為人生下半場的快樂再瘋狂一回。

人們常說：「世上沒有醜女人，只有懶女人。」當一個人不再在意外表時，往往是身心慢慢鬆弛、悄悄老去的起點。對許多女性而言，進入人生下半場後，穿搭與化妝不只是外在的裝飾，更是一種自我照顧的表現。外表看起來有精神、年輕，不僅能帶來內在的自信，也會讓身體感受到活力與健康。

當然，給自己找一些打扮出場的機會也很重要。畫上喜歡的妝容，穿上最喜歡的衣服，再搭配用心挑選的小物與飾品，光是這樣的準備過程，就能讓心情興奮雀躍，身心都充滿青春能量。

在各種值得精心打扮出門的場合中，最推薦「推活（推し活，Oshikatsu）」，即支持與應援自己喜愛的偶像、演員，甚至是虛擬角色等活動。

根據下頁圖調查顯示，在五十歲以上的女性中，將近半數都有參與推活的經驗。每年在「推し」（Oshi）身上花費的平均金額，甚至超過十萬日圓，可見投入程度之高。如果妳也找到那個讓妳心動、甘願投入時間與心力支持的推し，那麼，何不精心打扮一番，穿上連老公看了都忍不住驚豔的造型，自信滿滿的走出家門呢？

當然，建議可以善用你們夫妻事先約定好的自由預算，讓這份快樂來得更沒有壓力，也更自在輕盈。

追星不是年輕人專利

● 目前是否有追星的經驗？

- 有 46.1%
- 沒有 50.3%
- 毫無概念 3.7%

● 花在追星上的金額

有喜歡對象的人中，花錢支持和沒花錢支持的比例是多少？

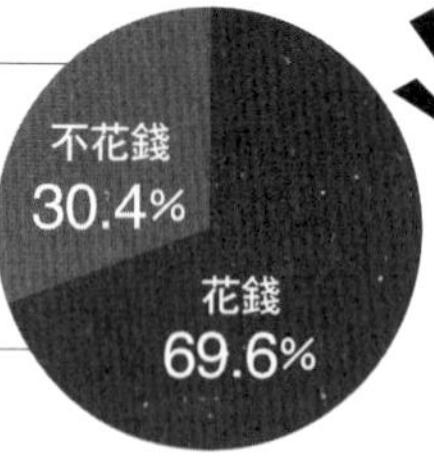

※ 2024 年數據（問卷數 263 人）

每人每年平均花費在喜歡對象上的金額（每人／一年）

10 萬 416 日圓

※ 年度平均花費來自於所有費用之加總除以追星族之人數。未花費者除外。

資料來源：參考哈魯梅克．年齡行銷部門哈魯梅克生活研究所《2024 年 50 歲以上女性對喜歡對象的意識與實態調查》。

8 重新就業

現在人手超缺，對熟齡族的需求越來越高，很多工作其實很適合有家庭主婦經驗的人。

即使到了退休年齡，如果夫妻雙方都重新就業，或是丈夫沒打算繼續工作、改由妻子持續上班的話，反而更容易維持不遠不近、剛剛好的夫妻關係。如果妳過去是家庭主婦，現在也可以換妳走出家門，由先生來照顧家庭，試著調換一下家庭與外出的角色分工。

目前的就業市場正面臨嚴峻的缺工問題，銀髮族的工作需求也明顯提升。從下頁上圖的「各年齡層就業率變化」來看，六十五歲至六十九歲族

日本各年齡層就業率的變化趨勢

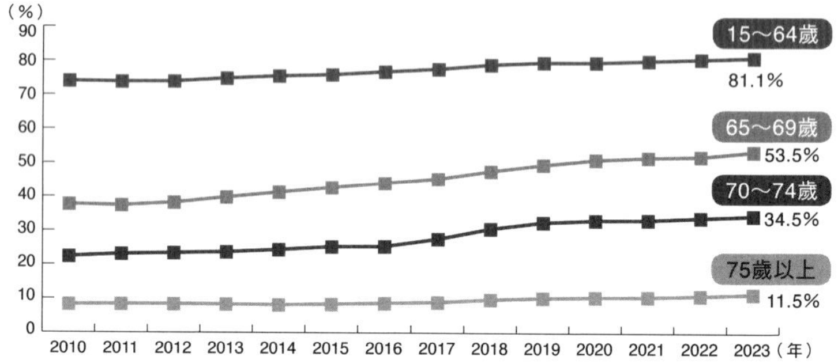

資料來源：參考內閣府《令和 6 年版高齡社會白書（整本）第一章第二節圖表「勞動力人口比率的變化趨勢」。

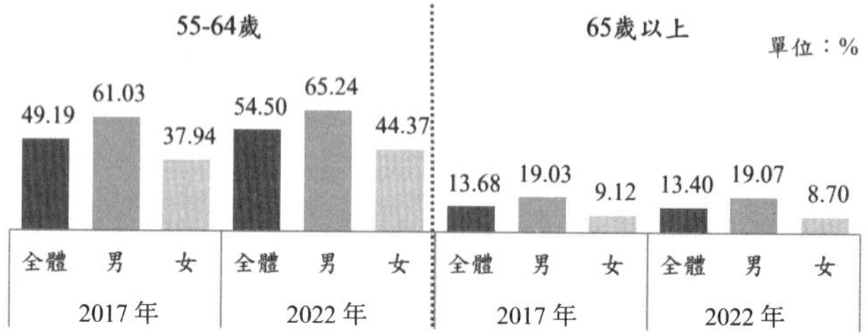

資料來源：衛福部統計處。

▲（編按）臺灣 55 歲至 64 歲及 65 歲以上者工作情形。以 2022 年為例，65 歲以上者 13.40% 目前有工作，而 55 歲至 64 歲有工作者比率為 54.50%。

群的就業率超過五〇%，七十歲至七十四歲也有超過三〇%的人還在工作，這已是現在的常態。

其中，像是近年來方興未艾的家務助理，對於沒有工作經驗的家庭主婦來說，最適合不過。如果對自己的駕駛技術有信心的話，除了可以考慮開計程車，未來「共乘服務」（Ride Share）若普及，讓一般駕駛也能用自家車接送乘客[1]，那機會將會更多。

1 用自家車載客營利在臺灣屬於違法行為，可能會面臨罰鍰、吊扣駕照或牌照等處罰。除非是加入合法計程車行或租賃車行，並取得相關執業許可，否則不能隨意用自家車載客營利。

銀髮族女性的工作選項

- 居家照顧服務員（照服員）
- 廚房助理
- 大樓管理員、櫃檯接待
- 保母
- 家務代辦
- 整理收納、清潔工作

除此之外，照服員的入職門檻[2]也較低。當然，若能取得證照的話，就職機會與待遇也會相對提高。即便這些工作的薪資不高，但加上年金給付的話，也不無小補。

2 在臺灣只要年滿十六歲，並具有以下資格之一就可以成為照服員：受訓參加「照顧服務員專業訓練課程」取得結業證書；考取「照顧服務員單一級技術士技能檢定」取得照顧服務員技術士證；高中（職）以上學校護理、照顧相關科（組）畢業。

9 逛街不是敗家，是健身

散步對身體超有幫助，不只讓腳變得更健康，
也能讓心臟更有力氣！

出門走走其實是放鬆心情最簡便的方法。養成外出的習慣，夫妻之間便能有各自的空間，與維持適當的距離。

其中最推薦的就是「走路」，也就是我們常說的散步。散步不僅能延緩下肢衰退，還能強化心臟的收縮，每天走個幾十分鐘有利身心健康。因為在走路的同時，氧氣或養分隨著血液輸送到全身各處，手腳不容易冰冷，也能刺激大腦的靈活度。再者，適當的運動有助於維持肌肉量，進而達到預防或改善三高的效果。

更重要的是，走出戶外晒太陽，可以促進血清素分泌，讓思緒變得更敏銳。血清素分泌增加還能幫助順利入睡，提高睡眠品質。

早中晚各走十分鐘也好，養成每天散步三十分鐘的習慣，有助於延年益壽。另外，為了避免半途而廢，不妨像在看旅遊節目那樣，邊走邊逛，看到有趣的店家就停下來看看，或欣賞路邊的花草，讓散步更有趣，也更容易持之以恆。

越是懶散或煩悶時，越該起身動一動；散步，是最簡單也最有效的調節方式。

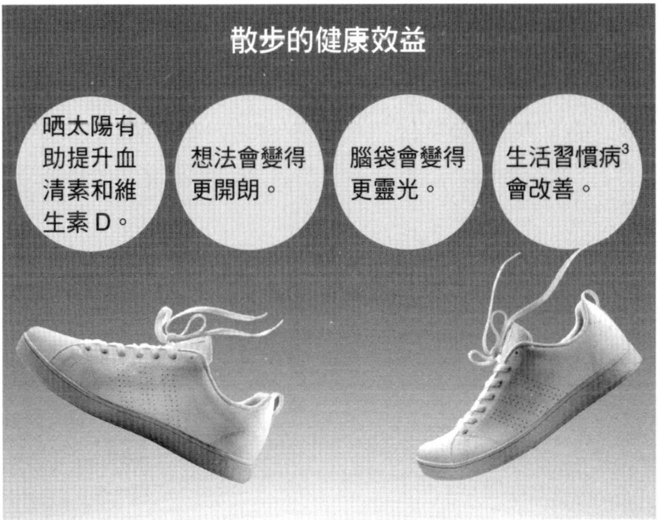
散步的健康效益
哂太陽有助提升血清素和維生素D。
想法會變得更開朗。
腦袋會變得更靈光。
生活習慣病[3]會改善。

整天窩在家只會讓身體退化。為了不讓妻子太辛苦，也為了自己的健康長壽，應該適度活動，維持體力。最推薦的就是輕鬆又簡單的散步。

---

3 源自日本，1996 年本厚生省將過去約定俗成的成人病或慢性病，正式更名為生活習慣病。包括高血壓、心臟病、糖尿病、慢性肝病、腎病等慢性病，甚至癌症，成因都與生活習慣病密不可分。

10 讓老婆最受苦的「我也要跟」族

老是跟在老婆屁股後面跑的「我也要跟」族，最好趕快改掉！

中高齡夫妻面對退休，往往有兩極的反應。對丈夫或許是重獲自由的開始，但是，對於已經結束育兒、尤其白天能自由支配時間的全職太太而言，卻是失去難得的自由。

沒有工作的丈夫常不知道該怎麼安排時間，尤其是當妻子想出門時，總是想跟著去的行為，最讓妻子備感壓力。時間久了，反而會讓人感到困擾。即便是培養興趣也不一定非得綁在一起，這一點作為丈夫的必須切記。

讓妻子受苦的「我也要跟」族老公

丈夫退休

↓

對丈夫而言

自由時間的開始

對妻子而言

自由時間的結束

退休後男性最想開始的五大興趣

第 1 名 園藝、庭院整理、種花種草。
第 2 名 除了電影院以外的電影欣賞。
第 3 名 閱讀（不包含漫畫）。
第 4 名 透過 CD、手機聽音樂。
第 5 名 假日 DIY（木工等手做）

資料來源：參考總務省統計局《令和 3 年社會生活基本調查》製作。

與其跟在妻子後面團團轉，倒不如讓妻子擁有能夠喘息、獨處的時間，這樣反而會讓她更開心。要改掉這個壞習慣的最佳做法，就是找出自己的嗜好。如果還沒找到，可參考上頁「退休後男性最想開始的五大興趣」。

例如排行第一的園藝就是不錯的選項。即便沒有庭院，也可以在陽臺種小番茄、薄荷或花草……非常適合不愛交際應酬或懶得出門的人。總之，避免打擾另一半，學會獨處的樂趣，這樣的退休生活會更幸福、自在。

11 一起分擔家務

不要偶爾才幫忙，要主動說要分擔家事才對。

近年來，雙薪家庭數量已超越了全職主婦家庭。換句話說，如今五、六十歲這一代的多數妻子，不僅負責照顧家庭，同時也是家庭經濟的重要支柱。

下頁的圖表顯示，雙薪夫妻每日在家務與育兒上的時間分配比例。從中可以看出，孩子還是嬰幼兒時，丈夫多少會參與育兒；但在孩子進入小學高年級以後，丈夫投入的時間明顯減少。這凸顯出，家庭的重擔多半仍

丈夫能專心工作，多虧了妻子的付出

● 雙薪夫妻每日投入在家事與育兒上的時間比例

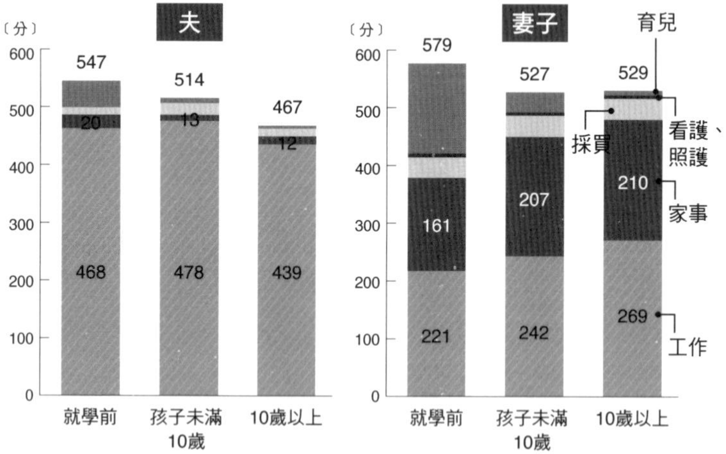

（以老么年齡區分，2016年）

在雙薪家庭中，丈夫在家事和育兒上的時間仍遠遠少於妻子。

資料來源：參考內閣府男女共同參畫局《關於結婚與家庭的基礎資料》製作。

落在妻子身上，既要工作又要兼顧家務。

即便如此，在丈夫還在工作、有穩定收入時，妻子雖然辛苦，仍能忍耐、照顧家庭。但退休後，丈夫不再賺錢，卻依然需要照顧與服侍，對許多妻子來說，這成為沉重的負擔，許多人其實是不得不做，並非心甘情願。

因此，退休後丈夫最該有的自覺就是——**不要把所有壓力都丟給妻子**。這不是指偶爾心血來潮幫忙一下就好，而是**要主動、積極的分擔家務**。這樣不只能改善夫妻關係，兩人共同努力，甚至有可能讓原本由妻子獨自完成的家務工作，以一．五倍的效率完成，生活品質自然也會提升。

12 回歸職場，找回存在感

如果在家裡感覺沒存在感，重新工作是最好的解決方法。

雖然到了退休年齡，但並不代表隔天就不能工作。身體仍然健康，頭腦也很清楚。如果白天無所事事的閒晃，妻子可能會因為壓力累積而心情不好，丈夫則會感覺沒有自己的位置。如果自己心裡有再就業的念頭，那就趕快找下一份工作吧。只要出去工作，夫妻之間自然會形成若即若離的關係，生活也會順利運轉。

在這個人力嚴重短缺的時代，年長者也有很多工作機會。因為還有退

65歲以上也有工作機會

● 65 歲以上勞動者按職位及就業形態的分類明細（2023 年）

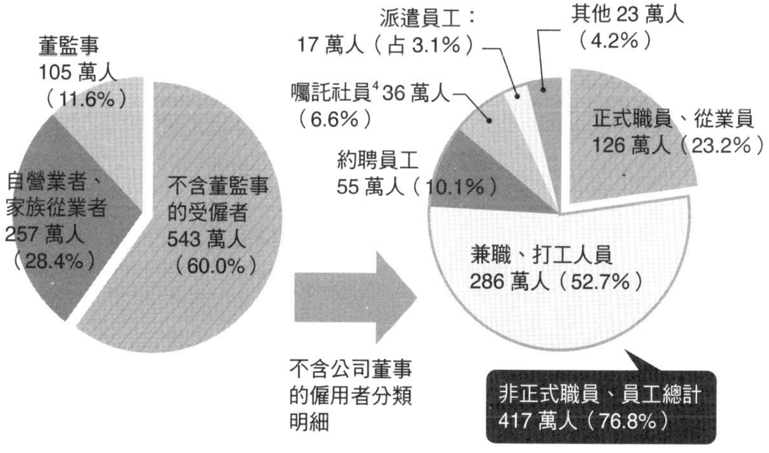

日本 65 歲以上的就業率，在主要國家中也是相當高的！

資料來源：參考總務省統計局《令和6年從統計看我國高齡者——配合「敬老日」製作》。

4 大都是指年滿 60 歲退休後再次僱用的員工。

休金，很多人對薪水沒有太多執著，但長年從事白領工作的人，通常對工作種類比較講究。雖然再就業的選擇很多，但大多數並非白領職位。不過如果不拘泥於職種，像是看護、配送、清潔等工作，再就業並不算太困難。

曾經在公司擔任業務職、顧問等角色的人，可以利用過去培養的知識與技能，尋找擔任業務助理、支援經驗較淺的同事等職務會比較合適。

13 不想再上班？當志工也行

雖然不是正式的工作，但做起來很有意義，
能在背後默默幫助社區的人們，讓人感覺很充實。

前面提到為了避免在家裡無所事事，重新就業不失為退休後的選項。然而，如果你覺得現在已經沒有想出去工作的意願，那麼參加一些志工活動也不錯，例如社區幹部或各種活動（社區環境維護、防盜防災巡邏、體育競賽或祭典等）、育幼院或養護中心的定期探訪、海外觀光客導覽等。

事實上，子女離家的空巢族或退休後的中高齡者，可以說是社區安定的主力（見下頁圖）。為社區盡一份心力的成就感讓人老當益壯。更何況外

銀髮族是社區志工的主力

● **目前參加的志願服務及社會貢獻活動（按年齡層，複選）**

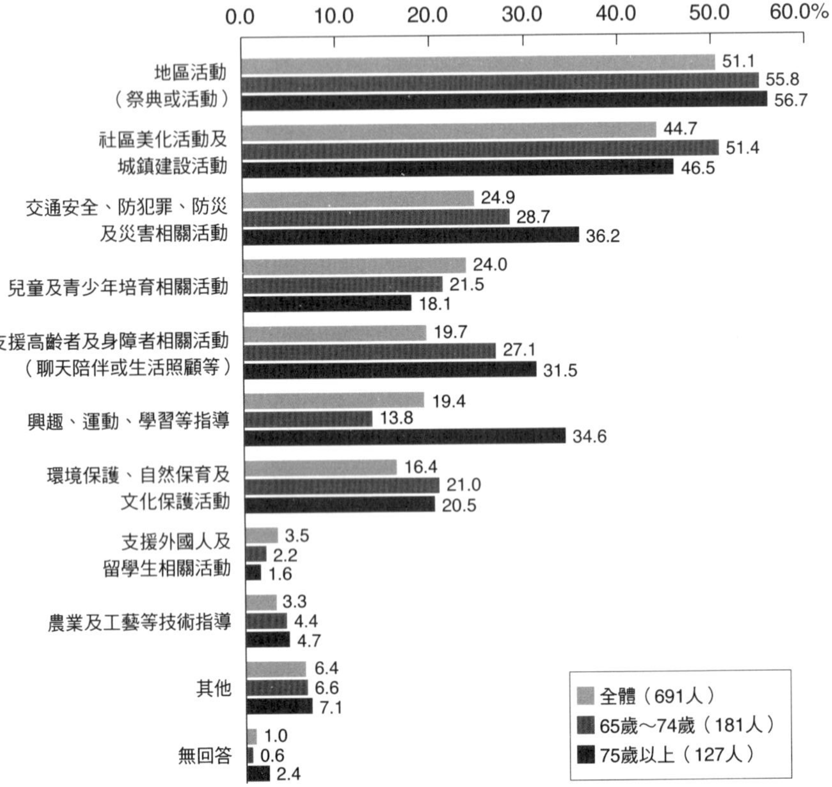

※ 全體指調查對象「全國 15 歲以上持有日本國籍者」中有效回答的人數。
資料來源：參考消費者廳《令和 5 年版消費者白書》製作。

出的機會增多，也能減少夫妻朝夕相處的摩擦，可謂有利無弊、一舉兩得。

當然，也不要過度勉強自己一定要為社會貢獻，這樣反而不好。倘若過分賣力而讓自己筋疲力乏、心生不滿的話，反而是本末倒置。最好的方法就是從自己感興趣的領域切入，例如歷史迷可以選擇當古蹟導覽員等，既能消磨時間又不讓人生留白。

14 善用科技，輕鬆當生活達人

覺得科技產品不好上手又貴？
只要用過一次，你就會發現它有多方便！

對於婚前沒有單獨生活經驗的丈夫來說，料理、打掃、洗衣這些家事往往是一大難題。即使想幫忙，有時也會被拒絕，理由是「越幫越忙，反而更花時間」。對家務心生畏懼，其實可以理解，但長期把所有家事都推給妻子，顯然也說不過去。

這時就很推薦善用智慧家電——這些貼心的工具能大大減輕家事負擔，比如洗碗機、掃地機器人、洗脫烘衣機等。即便是對做菜沒信心的老公，

減輕家事負擔的智慧家電

掃地機器人

自動在地上移動，吸取垃圾或灰塵，有些型號甚至還搭載了拖地功能。

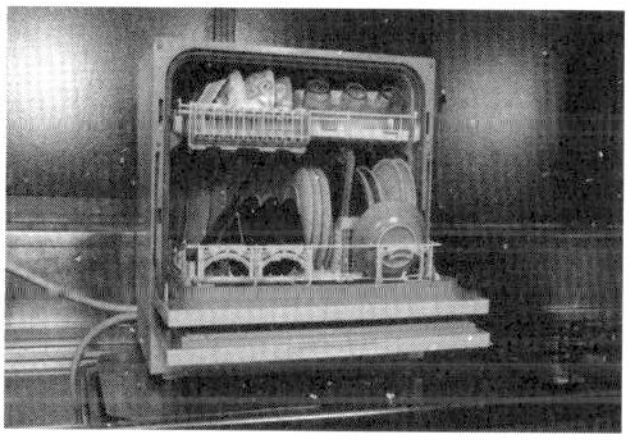

洗碗機

節省洗碗的時間與負擔，且能以高溫熱水清洗，連油汙也能輕鬆洗淨。

洗脫烘衣機

將「洗衣機」和「烘衣機」合而為 的節省空間型家電。搭載了加熱器以烘乾衣物。

家事服務人員

委由業者派遣助理到家中，代為處理或協助日常家務（如煮飯、洗衣、打掃、採買等）的服務。

只要有多功能微波爐，也能輕鬆煮出一桌拿手菜，完全不需要開火。

另外，也可以考慮家事代勞服務。可以請專業人員處理自己不擅長的部分，或請對方協助完成，這樣的聰明分工，能大幅提升家庭運作的效率與和諧。

可能有人會想：「都退休了，時間那麼多，還需要智慧家電？」、「請人做家事不是很貴嗎？」但如果這些工具和服務能減少夫妻之間的爭執，減輕壓力，多出來的時間還能做自己喜歡的事，實在是值得投資的好選擇。而且，這類建議最好是由老公主動開口，不但貼心，也更有誠意。

15 練習一個人

事先練習孤單的感覺，可以幫助你發現獨居時可能會遇到的煩惱。

有一項調查顯示，在與配偶有關的死亡風險中，風險較高的是「妻子去世後的丈夫」以及「仍有丈夫在世的妻子」風險較高。尤其是男性在失去配偶後，受到的衝擊似乎更為嚴重。

對上了年紀的人來說，若因憂鬱而食慾不振，身體就會明顯衰弱。因此，為了迎接將來可能的孤獨，最好在開始獨居前，就慢慢學會如何享受孤獨，這樣會更安心。

這個世界充滿了各種精彩娛樂！

YouTube 等影片觀賞

多采多姿的內容，任憑選擇。

圍棋或將棋的線上對弈

線上遊戲無須找真人對奕，便能沉浸其中樂趣。

閱讀

一人世界的最佳心靈享受。偶而唸一唸也有助於腦部活化。

電動遊戲

透過控制器或聲音與主角互動，維持青春與活力。

相較於過去的農業時代，現代人的生活更加幸福自在。一個人時，可以在書房看書、YouTube上看影片、線上玩圍棋或將棋等。與其對「孤獨」這個詞過度敏感、感到焦慮，不如學著享受獨自生活，會更有意義。轉換心態的關鍵之一，就是放下包袱，認為孤獨其實很自在。

此外，也可以嘗試一個人旅行或住週租公寓，進行孤獨的模擬練習。透過實際體驗，你會發現原本擔心的事其實沒那麼嚴重，甚至會覺得到真正需要獨居時，其實沒什麼好怕的。

16 有性慾是健康的象徵

為了不在老後成為妻子的負擔，要多吃肉，晒太陽，並適度運動。

在東方國家，性慾往往被視為禁忌話題，但其實有性慾正是身體健康的證明，是非常值得肯定的事。畢竟，性是人類最自然的基本需求之一。

多數人在育兒階段開始逐漸遠離性生活，然而這樣的生活方式，反而會導致性荷爾蒙減少。特別是被稱為「元氣荷爾蒙」的男性荷爾蒙，一旦開始枯竭，不僅性慾會降低，也會連帶影響到意志力、專注力與判斷力。肌肉量也會隨之減少，未來更可能面臨所謂的「運動障礙症候群」

高齡還能保持活力的人，關鍵就在這裡！

高齡期的體內變化

性荷爾蒙的減少

↓

社交能力下降、意志力減退、膚況變差、骨質疏鬆的發生等。

大腦額葉的萎縮
＋
快樂荷爾蒙血清素減少

↓

意志與創造力減退、情緒控制能力下降、憂鬱症風險增加等。

預防方法：
活力充沛的人都在做的事。

多吃富含性荷爾蒙和血清素原料的肉類。 ＋ 每天晒太陽＆適度運動（如散步）。

＆日常的性刺激與樂趣

（locomotive syndrome）——也就是因肌力衰退或骨質疏鬆，導致行動能力下降、需要照護的風險增加。

尤其男性隨著年齡增長，男性荷爾蒙自然會下降，這點更需要注意。要維持男性荷爾蒙，不只要靠飲食和運動，還需要日常的性刺激，或性方面的樂趣加以輔助。

舉例來說，去異性聚集的場所，或觀看成人網站，從醫學角度來看，這些都是正確且有效的方法。甚至簡單的親密互動也很有幫助——透過肌膚的接觸，不但能讓人感覺愉悅，還能促進所謂的「愛情荷爾蒙」——腦內神經傳導物質「催產素」——分泌，進一步帶來安心感與放鬆效果。

＼和田醫師幫幫忙！／

若即若離的夫妻

如何
和諧相處
?

Q&A

老公退休後，才是第二人生的開始。懂得相處才能白頭偕老。

隨著丈大退休迎來的第二人生，等在熟齡夫妻面前的卻是各種前所未有的問題。接下來，就請精神科權威和田秀樹醫師提供臨床經驗與寶貴的建議。

Q1

過去對工作非常投入，連假日都去應酬打高爾夫的老公，退休後卻變得無精打采，整天在家閒晃。即使問他：「沒有什麼想做的事嗎？」他也只是敷衍的回答：「等一下再說」，態度散漫、心不在焉。再這樣下去，我都快得憂鬱症了。請問有什麼方法可以幫他重新振作起來？

A1

雖然無法保證具有顯著且迅速的療效，但注射男性荷爾蒙作為提升活力的治療手段，仍具一定的醫學依據與應用價值。

人的大腦會隨著年齡老化，尤其是最發達的額葉功能也會下降。特別是男性，隨著年紀增長，男性荷爾蒙會減少，因此上了年紀以後，容易缺乏幹勁或行動力。相反的，女性在更年期後，因為體內男性荷爾蒙的上升，反而積極外向。所以看到像Q1描述的丈夫時，妻子難免會感到煩躁。

你就沒有事情
可做啊？
等一下。

要讓丈夫找回幹勁，有一種方法是帶他去注射男性荷爾蒙，每兩週注射一次，當然，前提是他必須不嫌麻煩，而且有意願。另外，也可以抽血檢查是否罹患男性更年期障礙（LOH症候群），這一類疾病可申請保險給付，每次注射費用大約二千日圓左右[1]。

若嫌麻煩，就只能接受。因為誰也無法對抗老化的自然過程。與其總是看老公不順眼，不如多和同性或異性朋友出去玩樂，來得輕鬆自在。說不定還能順勢激起老公危機感。然而，要是情況無法改善的話，通常表示本人缺乏自覺，遇到這種情況只能放棄了。

1 在臺灣，補充睪固酮的治療方式，部分有健保給付，但也有部分需要自費。

Q2 我老婆以前說得上是賢妻良母，最近卻整天嘮叨。我們整天就為一些小事吵個不停。我年紀又比她大，有時會想是不是該讓她一下，免得老後沒人照顧？

A2 **嘮叨的習慣很難改。如果已到無法忽略的程度，不妨戴上耳塞吧。**

其實夫妻的對立或糾葛，大多來自於立場的不同。特別是對方嘮叨的時候，無心的一句：「妳煩不煩啊」，兩人的關係很可能瞬間變差。她之所以一再提醒你，是因為她認為自己是對的。例如垃圾亂丟、衣服沒收好、睡衣亂放、燈沒關等，這些都是她覺得你做得不對的地方。

這種愛嘮叨的老婆通常都很認真，屬於「應該這樣」的類型。雖然這

碎碎唸
你又忘記倒垃圾了！
杯子放那裡，等誰幫你洗？
說過幾次了，衣服不要亂丟！
我錯了！

種思考方式可能會讓她們有憂鬱的風險，但只要沒到那程度，就只能學會忍耐，甚至偷偷戴個耳塞也無妨。

如果你真的無法忍受這樣的狀況，未來萬一自己生病倒下，也可以選擇住院治療，之後若行動不便就轉到療養型病房，最後進入安養院。如果不喜歡安養院，那就再等，約二十年後會有照護機器人幫忙做家事，甚至還能用你喜歡的女演員聲音當聊天對象，生活會方便又有趣。

未來的科技進步，值得我們期待。

Q3

老公開始去才藝教室上課後，行為變得怪怪，突然很注意穿著，還經常晚歸，讓我感覺他身邊有女人的影子。雖然年紀這麼大了，已經沒有那麼容易嫉妒，但我還是擔心，他會不會把退休金都花在那個女人身上。我該怎麼處理比較好？

A3

如果擔心退休金被花光，建議開個個人帳戶，慢慢把錢轉進去，這樣比較安心又有保障。

如果真的擔心老後沒錢，只要老公沒在管每個月的生活費，事情其實很簡單。尤其是六十歲以上的夫妻，大多是老婆負責管理家裡的錢，再給老公零用錢。就算是年輕一代，有共同帳戶的家庭，提款卡多半也是老婆保管。

如果怕錢會被亂花，不如趁還沒出事前，先把老公的錢領出來，開個自己的帳戶慢慢轉過去就好。

妳可以假裝要買東西給孩子或孫子，慢慢存起來，老公大概也不會發現。若真的覺得老公身邊有別的女人，讓妳不安心，最好還是弄清楚狀況，比如找徵信社調查，一查就明白了。只是這樣可能會導致離婚，自己要先想好能不能接受這結果。如果想開了，還是覺得氣不過，不如自己也去約會，說不定心情會好點。

Q4

雖然我沒打算離婚，但我真的不想跟丈夫或他家人葬在一起。每次想到墓地的事，心情就很鬱悶。我該怎麼辦？在遺囑上寫下「不要葬在一起」就行了嗎？

A4

夫妻同葬一墓[2]只是習俗而已。只要能取得丈夫（或妻子）的同意，是可以選擇葬在不同墓地的。

就日本法律上或墓園規定中，都沒有明文規定妻子必須葬在與丈夫相同的墓地。墓地屬於祭祀財產（如家譜、佛具、墳墓等），與存款、房屋、股票等一般繼承財產不同。

而遺囑是用來處理繼承財產分配的法律文件，所以即使在遺囑中寫下「希望葬在不同的墓」，從法律角度來看並不具有效力，僅僅是向家屬表達個人意願而已。

那麼，該怎麼做？若能與丈夫或夫家的成員協商並獲得理解，那麼當然可以另選墓地。如果無法取得理解，也可以在丈夫過世後，提出「姻族關係終了屆」（即所謂的死後離婚），正式斷絕與婚姻家庭的法律關係[3]，如此一來便能選擇不同的墓地安葬。

不過，這麼做需要獲得祭祀承繼人（多為子女）的同意。一旦獲得認可，就可以開始規畫自己的葬後安排，比如建立專屬墓地，或回歸娘家墓地安葬等。

---

2 日本多數是家族葬，也就是同一個家族的骨灰罈放在同一個墳墓裡，但臺灣並無此習俗。

3 在日本的法律框架內，即使一方配偶去世，與其親屬的法律關係並不會自動結束。但在臺灣，當配偶死亡時，婚姻關係就會自動消滅，不需要任何法律程序。

墓地與祭祀的多種形式（日本為例）

野外墓地

位於寺廟、公營墓地或企業經營的靈園等。需備有墓地與墓碑。

室內墓地

形式多樣，包括佛壇型、置物櫃型、或機械式的靈骨塔等形式。

永代供養

將遺骨交由寺院或靈園保管，並委託其進行長期供養與管理的方式。

手元供養

將部分遺骨留在身邊作為紀念，其餘則安放於合葬墓等處。

撒骨（散骨）

將研磨成粉的遺骨撒於海洋、山林等自然環境中（需取得土地權利擁有者的同意）。

Q5

幾年前開始打工的妻子，最近升任為正式員工。而我曾經是部長，現在則是無業狀態。這種角色互換的落差，讓我遲遲無法釋懷。老實說，我其實已經不想再工作了，但我是不是該考慮重新就業？

A5

這只是社會身分上的改變而已，無須太過在意。你現在擁有穩定的年金收入，這同樣是一種貢獻，也值得被尊重和肯定。

如果退休後選擇再就業，確實有可能會變成自己以前部屬的下屬。隨著年齡增長，地位或職位出現逆轉是很常見的情況，這是我們應該理解與接受的事實。

而現在升任正職的妻子，未來也終將退休，成為無業狀態。只要明白「沒有人能一直工作下去」，或許就能慢慢放下心中的嫉妒感。

上班去了，
記得去超市
買菜喔！
喔，好。
不找個工
作不行了。
唉
求職網

人生進入老後階段，本來就是傳統世俗價值不再適用的時期。隨著年歲增長，頭銜或社會地位就不再是評斷一個人的標準。

就你的情況來看，與其說是地位逆轉，不如說只是「頭銜」改變了。即使你現在沒有上班，妻子是正職，只要家務落到你身上，也可以坦然說：「我雖然沒上班，但還有年金收入，也算有經濟貢獻。」

如果你真的不想再重返職場，不妨考慮參與志工活動，找到一個能發揮價值、被需要的地方。能夠貢獻社會，也會減輕你內心的失落與不安。

國家圖書館出版品預行編目（CIP）資料

明明沒病，一看到老公就不舒服：午飯吃啥？妳去哪？幾點回來？怎麼老花錢！妳的「丈夫在家壓力症候群」該化解了，熟齡離婚是最糟歸宿。／和田秀樹監修；黃雅慧譯 .-- 初版 . -- 臺北市；大是文化有限公司 , 2025.09
224 頁；14.8×21 公分 . --（Style；108）
譯自：「おふたりさま老後」を？幸せに過ごすための 50 のコツ
ISBN 978-626-7762-14-1（平裝）

1. CST：婚姻　2. CST：夫妻
3. CST：家庭關係　4. CST：生活指導

544.31　114009047

Style 108

明明沒病，一看到老公就不舒服

午飯吃啥？妳去哪？幾點回來？ 怎麼老花錢！
妳的「丈夫在家壓力症候群」該化解了，熟齡離婚是最糟歸宿。

監　　修／和田秀樹
譯　　者／黃雅慧
校對編輯／張庭嘉
副 主 編／蕭麗娟
副總編輯／顏惠君
總 編 輯／吳依瑋
發 行 人／徐仲秋
會計部｜主辦會計／許鳳雪、助理／李秀娟
版權部｜經理／郝麗珍、主任／劉宗德
行銷業務部｜業務經理／留婉茹、專員／馬絮盈、助理／連玉
行銷企劃／黃于晴、美術設計／林祐豐
行銷、業務與網路書店總監／林裕安
總 經 理／陳絜吾

出 版 者／大是文化有限公司
臺北市 100 衡陽路 7 號 8 樓
編輯部電話：（02）23757911
購書相關諮詢請洽：（02）23757911 分機 122
24 小時讀者服務傳真：（02）23756999
讀者服務 E-mail：dscsms28@gmail.com
郵政劃撥帳號：19983366　戶名：大是文化有限公司

香港發行／豐達出版發行有限公司 Rich Publishing & Distribution Ltd
地址：香港柴灣永泰道 70 號柴灣工業城第 2 期 1805 室
Unit 1805, Ph. 2, Chai Wan Ind City, 70 Wing Tai Rd, Chai Wan, Hong Kong
電話：2172-6513　傳真：2172-4355　E-mail：cary@subseasy.com.hk

封面設計／林雯瑛　內頁排版／林雯瑛
印　　刷／韋懋實業有限公司

出版日期／2025 年 9 月初版
定　　價／新臺幣 420 元（缺頁或裝訂錯誤的書，請寄回更換）
I S B N／978-626-7762-14-1
電子書 I S B N／9786267762103（PDF） 9786267762097（EPUB）

'"OFUTARISAMA ROGO" WO SHIAWASE NI SUGOSU TAME NO 50 NO KOTSU'
by HIDEKI WADA
Copyright © HIDEKI WADA 2025
All rights reserved.
Original Japanese edition published by TAKARAJIMASHA, Inc., Tokyo.
Chinese (in Complex character only) translation rights arranged with TAKARAJIMASHA, Inc., through Bardon-Chinese Media Agency, Taipei.
Chinese (in Complex character only) translation rights © 2025 by Domain Publishing Company

有著作權，侵害必究
Printed in Taiwan